AF477844

DISASTER

THE END OF DAYS

GALERIE THADDAEUS ROPAC · PARIS PANTIN

MAHMOUD BAKHSHI
JULES DE BALINCOURT
BARRY X BALL
ALI BANISADR
GEORG BASELITZ
PHILIPPE BRADSHAW
MARC BRANDENBURG
DEXTER DALWOOD
ELGER ESSER
HARUN FAROCKI
GHAZEL
GILBERT & GEORGE
AMOS GITAI
WANG GUANGYI
ZHANG HUAN
ANSELM KIEFER
ROBERT LONGO
LIZA LOU
NATE LOWMAN
FARHAD MOSHIRI
JACK PIERSON
GED QUINN
MARC QUINN
DANIEL RICHTER
TOM SACHS
MICHAEL SAILSTORFER
BANKS VIOLETTE
YAN PEI-MING

LA MORT ET LES CATASTROPHES DANS L'ART, AVANT ET APRÈS WARHOL

Michael Bracewell

Les services publics essentiels seraient paralysés du jour au lendemain. Émeutes... vague d'hystérie religieuse... le chaos. Vous imaginez. En gros, le pire de la Bible.

Dan Truman, directeur des opérations de la Nasa décrivant au président des États-Unis ce qui se passerait si la population mondiale apprenait qu'un astéroïde de la taille du Texas va entrer en collision avec la Terre.

Armageddon, film de Michael Bay sur un scénario de J.J. Abrams, 1998

UN.

Comment graduer le langage plastique des catastrophes ? À quel moment le drame, l'horreur, le choc et le pressentiment, sous leur forme visuelle, acquièrent-ils une puissance ou une acuité telle que le spectateur n'a plus la force ni la volonté de les regarder en face ? À leur plus haut degré d'atrocité, examiné par Georges Didi-Huberman dans *Images malgré tout* (2001), ces questions sont au cœur de notre faculté d'appréhender non seulement les informations visuelles, mais aussi notre être, collectif et individuel.
Ce n'est pas tout : confrontés à des images de l'enfer sur terre comme les photographies prises *malgré tout* (c'est Didi-Huberman qui souligne) par des prisonniers d'Auschwitz voués à l'extermination, « nous devons en retour les contempler, les assumer, tenter d'en rendre compte. Images *malgré tout* : malgré notre propre incapacité à savoir les regarder comme elles le mériteraient, malgré notre propre monde repu, presque étouffé, de marchandise imaginaire[1]. »

L'histoire politique moderne des catastrophes (du grec *katastrophê*, « dénouement d'une tragédie ») n'a évidemment pas de début ni de fin officiels. Les faits marquants, pas plus que les siècles, ne respectent la logique des limites temporelles. On peut tout de même estimer que la guerre de 1914 – 1918 fut la première catastrophe *planétaire* moderne, et que la dernière fut l'attentat du 11 septembre 2001. Ces deux événements, d'une durée respective de quatre ans et de une heure dix, ont mis en jeu une violence cataclysmique d'une ampleur tellement inouïe que leur retentissement traumatique a semblé signaler une mutation fondamentale dans le cours de l'histoire mondiale.
Ils annonçaient tous deux un climat d'incertitude primaire : un augure d'apocalypse, comme si l'ordre mondial antérieur – censé signifier la « civilisation », vérité infrangible jusque-là – vacillait sur ses bases. Il en va de même pour l'Holocauste et les bombardements nucléaires de 1945 au Japon, deux épisodes si épouvantablement destructeurs que la petite phrase « en gros, le pire de la Bible », extraite d'un dialogue hollywoodien à la fin des années 1990, réussit assez bien à rendre compte de cet instant où la réalité historique bascule dans la dimension visionnaire de la théologie apocalyptique ou du mysticisme religieux : la fin des temps.
L'histoire de l'art a un pacte millénaire avec l'histoire des catastrophes. La mythologie gréco-romaine dans sa fonction d'encyclopédie de la conscience humaine,

1 Georges Didi-Huberman, *Images malgré tout*, Paris, Minuit, 2003, p. 11 (texte publié initialement dans *Mémoire des camps, photographies des camps de concentration et d'extermination nazis, 1933 – 1999*, cat. exp. sous la direction de Clément Chéroux, Paris, Marval, 2001).

depuis les ressorts de l'action jusqu'à leurs conséquences sans oublier les rêves, se fonde d'ailleurs sur la notion de catastrophe, ce dénouement – heureux ou malheureux – de la tragédie.

Mais, dans l'univers de la culture de masse et puis du modernisme, qui s'est installé depuis le milieu du XXe siècle, où pourrions-nous avoir un équivalent moderne de l'encyclopédie psychologique fournie par les mythes de l'Antiquité grecque et romaine ? Une réponse se situerait du côté des contes et légendes de la culture populaire, qu'il s'agisse du cinéma grand public, des médias ou des chansons enregistrées par Elvis Presley sur une période de vingt et un ans, de 1956 (*Heartbreak Hotel*) à sa mort en 1977.

Comme le suggère Greil Marcus dans *Dead Elvis* (1999)[2], la mort d'Elvis Presley, qui coïncidait avec la révolution subculturelle punk, pouvait s'apparenter en soi à un événement apocalyptique : la conclusion mélancolique, amenée par les drogues, médicaments et nourriture à satiété, de la vie à cent à l'heure d'un personnage qui incarnait à la fois le charme sensuel et le consumérisme délétère de l'ère des masses, dont il fut peut-être la première victime sacrificielle.

Dès le début des années 1960, Andy Warhol affirmait l'existence de toute une génération de gamins biberonnés au pop, dans une société (un univers) de médias à grande diffusion, de production en série et de culture populaire[3]. Il percevait avec une égale clairvoyance la place occupée par la mort et les catastrophes dans ce monde totalement pop, l'ombre jungienne de la séduction, la technologie et l'abondance inhérentes à la culture consumériste moderne et postmoderne. Cette violence terrifiante se ressent distinctement et obscurément, étant à la fois omniprésente et enfouie dans l'édredon médiatique. Elle marque la confluence (également décrite par le choix d'œuvres de notre exposition) entre les mécanismes de pensée du gothique, de la science-fiction et de la noosphère journalistique.

Ce constat, dont les images de *Chaise électrique* de Warhol offrent peut-être le meilleur condensé, représente en quelque sorte la réactualisation à l'ère des masses de la formule empruntée à Virgile au XVIIe siècle. : *Et in Arcadia ego*. Il indique aussi, sans doute, le lieu où l'art contemporain prend ses repères psychologiques et culturels lorsqu'il aborde les idées de catastrophe et de prémonition de l'apocalypse, durant toute une époque où l'intégrisme idéologique et la mondialisation ont suivi des routes parallèles.

DEUX.

DANS L'OMBRE, WARHOL

Dans le *Journal* d'Andy Warhol, on lit à la date du jeudi 2 décembre 1976 : « J'ai regardé les actualités en rentrant, il n'y en a que pour Gary Gilmore, tous les soirs, on nous le montre en train de dire qu'il veut mourir, qu'il veut mourir. » Même dans un discours indirect, Warhol semble s'appliquer à façonner un simulacre élagué, épuré et

2 Greil Marcus, *Dead Elvis, chronique d'une obsession culturelle*, traduit de l'anglais par Justine Malle, Paris, Allia, 2003.

3 Voir Andy Warhol et Pat Hackett, *Popisme, les années 1960 de Warhol*, traduit de l'anglais par Alain Cueff, Paris, Flammarion, 2007.

distancié de lui-même en maniant à doses égales l'horreur spectaculaire de la condition moderne, ses séductions pop et ses produits de grandes marques. Mais il y a aussi une tonalité affective profonde, qui serait de l'ordre de l'élégie ou du requiem.

La révélation macabre de la condamnation à mort de Gary Gilmore, jugé coupable d'un double meurtre, se réduit chez Warhol à une information parmi d'autres diffusée en boucle, un sujet à sensation qui n'a même plus l'attrait de la nouveauté (« il n'y en a que pour Gary Gilmore »), *et* s'impose simultanément dans toute son effroyable réalité (« en train de dire qu'il veut mourir, qu'il veut mourir »). Il y a là, apparemment, un amalgame de froideur impersonnelle et de sensibilité chaleureuse, une fusion des contraires qui semble se décalquer à maintes reprises dans l'art de Warhol, sinon à sa surface si souvent analysée, du moins juste en dessous, au niveau subsonique dirait-on.

Dans la note de son journal concernant Gilmore (entre les dîners mondains, les visites reçues à la Factory et la chronique des gens célèbres), Warhol évoque deux aspects indissociables au sein de son iconographie d'artiste : la répétition (« qu'il veut mourir, qu'il veut mourir ») et la médiatisation (du sort de Gilmore, dont toute la charge morale et affective est récupérée par les actualités télévisées ressassées en boucle : « il n'y en a que pour Gary Gilmore »).

La réunion de ces deux aspects à propos des meurtres et de la mise à mort de leur auteur (par un peloton d'exécution dans l'Utah, dix-neuf jours après) ne procède pas, contrairement à ce que l'on pourrait penser, d'une volonté froidement calculatrice de noyer la violence des faits dans une attitude amorale et mécanisée à l'égard du monde moderne. Ils conjuguent leurs effets pour énoncer une proclamation de deuil, d'effroi et de tragédie. La répétition, dans ce contexte, se nuance d'inflexions affectives pour déplorer la fragilité de la vie face à la fuite inexorable du temps : le temps donné en représentation par l'inlassable machinerie médiatique. L'attirance de Warhol pour la face sombre de l'Amérique moderne s'est manifestée très tôt dans son art, avec la série de tableaux sur la mort et les catastrophes, notamment *Accident de voiture rouge*, *Suicide (homme qui saute) violet*, *Catastrophe du thon*, et les premières *Chaises électriques*, exécutées entre avril 1963 et février 1964. Ces œuvres, cinématographiques par leur rythme visuel, semblent tout droit sorties des méthodes de sérigraphie industrielles et exercent une fascination morbide. Elles composent une sorte de radiographie de la tragédie quotidienne nationale.

D'après Gerard Malanga, l'assistant de Warhol à l'époque, les images prennent leur origine dans des « photographies dont la presse conventionnelle ne semblait pas avoir voulu » et qui atterrissaient dans « des torchons comme *The National Enquirer*[4] ». Le document utilisé pour la *Catastrophe du thon* a une provenance plus respectable : le *Newsweek* du 1er avril 1963, où l'on apprend que des conserves de thon contaminées ont tué deux mères de famille dans la banlieue de Detroit. L'alliance de mort brutale étrange et de consommation ménagère banale a dû éveiller des résonances particulières chez Warhol, qui

4 Gerard Malanga en entretien avec Brett Gorvy,
New York, Christie's Videos, janvier 2007.

allait, comme chacun sait, inclure dans son répertoire la bouteille de Coca-Cola, la boîte de soupe Campbell et le carton de tampons à récurer Brillo, à côté des suicides, enterrements, accidents de la route, émeutes raciales et dispositifs d'exécution capitale. Là encore, il y a une alliance du quotidien et de l'extraordinaire, analogue à celle que l'on trouve dans les revues de cinéma et les catalogues de produits dérivés pour fan clubs. Dans le monde moderne selon Warhol, la mort et les catastrophes, le rêve et la culture marchande constituent une dynamique étroitement imbriquée au sein de la société industrielle de masse.

Le répertoire de Warhol, associé à ses méthodes de création artistique privilégiées, issues de la publicité, instaure à la fois un conflit et une symétrie exacte des contraires : entre le quotidien et le sensationnel déclinant toutes les multiples nuances de la délectation, à l'image du consumérisme moderne qui englobe les boîtes de conserve, les médias et le gotha pop. Ce faisant, l'artiste abandonne la quête héroïque ou torturée d'une vérité artistique (personnifiée par les expressionnistes abstraits) pour endosser le rôle d'adepte et analyste du consumérisme.

Aussi neutre que soit la pose de Warhol, aussi mono-syllabique que soit sa conversation, cela n'implique pas forcément l'isolement et l'indifférence dans son art. Il s'en dégage plutôt une profonde sensation de témoignage.

Le regard capable de savourer l'allure d'un Elvis Presley pistolet au poing, ou de l'argent liquide, doit aussi affronter les corps enchevêtrés dans un accident de voiture ou la silhouette d'une personne qui se jette par la fenêtre. Aussi jouissives que soient l'avancée de la technologie et la vie de luxe, la tragédie aveugle n'épargne personne, pas plus les riches, beaux et célèbres que les pauvres, les humbles et les plus démunis. Aucun être humain, aussi robotique, reclus ou impassible soit-il, n'est à l'abri des coups du sort, du risque constamment palpable de désastre individuel ou collectif. L'art de Warhol, à l'instar de la prose de son ancêtre dans l'anatomie des séductions modernes Francis Scott Fitzgerald («toutes les histoires qui me venaient à l'esprit avaient en elles une touche de désastre[5]»), ne s'éloigne jamais beaucoup de la méditation sur notre condition mortelle, ni de l'empreinte saugrenue de la mort au beau milieu de l'optimisme et de l'ingéniosité technique de la vie moderne en Amérique.

L'une des idoles de jeunesse de Warhol, Truman Capote, observe aussi le rêve américain vieillissant traversé de long en large par son ombre, cette fulgurance de l'horreur et de la violence qui semble l'indice d'un monde en perte d'équilibre. Dans son célèbre récit *De sang-froid* (1966) relatant le meurtre d'une honnête famille d'agriculteurs, puis l'arrestation, le procès et l'exécution des assassins, Truman Capote explique que Holcomb était jusque-là un village paisible du Kansas : «Comme les trains jaunes qui filent à la vitesse de l'éclair sur les rails du Santa Fe, la tragédie, sous forme d'événements exceptionnels, ne s'était jamais arrêtée là[6].»

Warhol est pareillement fasciné par la survenue inopinée de la tragédie, par les meurtres et leurs victimes, par l'effet de ces nouvelles sur l'Américain moyen. On a le sentiment

5 Francis Scott Fitzgerald, «Succès pré-coce» (1937), dans *Un livre à soi*, traduit de l'anglais par Pierre Guglielmina, Paris, Les Belles Lettres, 2011, p. 294.

6 Truman Capote, *De sang-froid*, traduit de l'anglais par Raymond Girard, Paris, Gallimard, 1966, p. 18.

que ce qui le touche surtout, à maints égards, c'est la banalité même de la tragédie ordinaire, lue dans le journal ou entendue à la radio. Malgré les dénégations de Warhol, il est permis de penser qu'il y a un peu plus que du vide sous la surface de ses œuvres: un pressentiment de la mort, toujours là, telle une fréquence radio variable. C'est peut-être le message que Warhol a laissé au public et aux artistes venus après lui: « *Tous les soirs, on nous le montre en train de dire qu'il veut mourir, qu'il veut mourir.* »

TROIS.

LES GUERRES DES MONDES, APRÈS WARHOL

Les œuvres réunies dans l'exposition sont les produits d'une société mondialisée où l'instabilité géopolitique et écologique est devenue de plus en plus explosive, tandis que le consumérisme capitaliste faisait régner sa loi implacablement et internationalement. Sur le plan culturel, il semblerait que des régions entières du globe se soient attardées dans la pénombre crépusculaire de la condition dite postmoderne, une époque où les nouveaux modèles de création artistique, souvent fondés sur les emprunts directs aux médias, à la culture populaire ou à l'histoire de l'art, vont de pair avec une atmosphère d'accablement moral couplé à une crise idéologique.

Dans une certaine mesure, par conséquent, nous vivons en Occident dans un monde à la Warhol où la richesse, la célébrité, les médias, le sexe, le consumérisme et la technologie sont les principaux leviers culturels, délimités par la présence permanente mais bizarrement irréelle, du pressentiment de la mort, de la tragédie et de la catastrophe. La période postmoderne à son zénith a fourni une métaphore culturelle de l'expansion galopante du consumérisme érigé en art de vivre. Jusqu'à la fin des années 1980, le style postmoderne s'est délecté de ses propres audaces, donnant le jour à un hybride élégant et plutôt habile d'esthétique et d'auto-exégèse, où les collages de citations tirées de l'histoire culturelle sont devenus, tout autant que les disciplines et les matériaux de l'art, des espèces de malles contenant les déguisements mis à la disposition des invités pour un bal costumé.

Dans la même lignée du carnaval, le pastiche, les jeux esthétiques raffinés et l'historicisme semi-ironique ont pris une incarnation plus sombre. L'artiste, remarque Robert Motherwell, a dû faire face à un dilemme existentiel qui supposait de dépasser les choix purement esthétiques pour se frotter aux considérations politiques, morales et religieuses: « Si toutes les couleurs ou tous les nus sont aussi agréables à l'œil, pourquoi l'artiste choisit-il une couleur ou une personne plutôt qu'une autre? S'il n'opère pas un choix purement ‹esthétique›, il doit chercher d'autres critères pour fonder ses jugements de valeur[7]. » Telle est la question posée par les philosophes au milieu du XIXe siècle, reformulée à intervalles réguliers au cours du XXe, et relancée par la tournure calamiteuse des événements dans le monde.

À ce compte, le postmodernisme au sens classique constituerait moins une réponse à l'accélération technologique

7 Robert Motherwell, introduction, dans Pierre Cabanne, *Dialogues with Marcel Duchamp* (traduction anglaise des *Entretiens avec Marcel Duchamp* augmentée d'un commentaire de Jasper Johns), New York, Viking, 1971, p. 11.

et au matérialisme culturel que le complice de leurs excès : un contournement grisant des problèmes artistiques soulevés par le modernisme près de quatre-vingts ans auparavant, s'exposant en retour aux effets congestifs d'un capitalisme mondial incontrôlé. Ce postmodernisme allait devenir in extremis le style fétiche du matérialisme culturel et, de ce fait, le fossoyeur ultrachic de la modernité, par une dernière pirouette de cette appellation très discutée et l'époque éponyme. Dans ces circonstances, la culture populaire a offert plusieurs prémonitions successives d'apocalypse et de cataclysme, tandis que les nouveaux médias convertissaient les catastrophes et les dérèglements sociaux en discours auto-entretenu de l'infospectacle. Le cinéma grand public semblait passer et repasser les images de fumée noire et de nuages de poussière flottant sur Manhattan, devenues une réalité concrète le 11 septembre 2001, et puis aussi la faillite écologique et urbaine, la montée des intégrismes et leur cortège de haines religieuses, raciales et politiques.

L'art contemporain, à en juger par notre exposition, a tendance à envisager le thème de la catastrophe et de l'apocalypse dans une perspective qui convoque les fantômes du passé historique ou mythique (depuis le nazisme jusqu'à Adam et Ève chassés du paradis) tout en soulignant que l'histoire en soi devient une notion bancale dès lors que ses réalités sont reconstituées sous une forme fantomatique ou stylisée, à la fois théâtrale, allégorique et idéalisée de manière ambiguë. Tout se passe comme si l'histoire était soumise à des phénomènes chimiques, soit rouillée, pétrifiée, oxydée, liquéfiée, soit transmuée en sujet d'émission insipidement mimétique, revisitée sur le mode gothique moderne ou brutalement journalistique. Il en ressort un retour au genre de la peinture d'histoire : des morts et des despotes, batailles, tragédies, aléas quotidiens, soldats, scènes tirées de l'iconographie historique, mais réfractées dans une atmosphère uniforme d'élégie et de fantasme. Si les critiques et les historiens ont pu discerner à la naissance de la peinture d'histoire un conflit entre le passé poétisé et sa « réalité », l'art contemporain semble poétiser à son tour les thèmes de l'histoire (liés ici à la catastrophe et à la fin irrévocable), souvent en introduisant une nouvelle réflexion sur le rôle de l'histoire de l'art dans la création artistique contemporaine. La peinture et la sculpture ressemblent à des séances de spiritisme destinées à invoquer les mânes des œuvres antérieures, censées constituer une nouvelle discipline artistique.

Quelle est l'humeur de ces évocations et prémonitions contemporaines des catastrophes et des fins dernières ? La franchise abrupte, industrialo-publicitaire, sombre et glaciale, de la série de Warhol sur la mort et les catastrophes cède la place à un registre encore plus dépassionné peut-être. L'« image malgré tout » et la responsabilité léguée par son créateur, témoin et en définitive acteur font encore plus sentir leur présence d'antécédent historique dans la culture visuelle au sens large. En même temps, l'art moderne et contemporain a été obligé de diversifier ses pistes d'investigation, de poursuivre sa quête d'évolution, de résolution et de pertinence par-delà l'enfermement désespérant dans l'infinitude du choix esthétique.

C'est ainsi que l'on passe de l'historique à l'hystérique et l'halluciné. La quête participe plus de l'exhumation que de l'archéologie. Finalement le point de fusion de la cohérence esthétique s'élève un peu, comme si la culture même subissait une sorte de changement climatique, faisant entrer la sensibilité froide à glaciale de Warhol dans une alternance d'humidité et de disparition – ou d'au-delà – du climat.

« Tel était l'état des choses ce vendredi soir. Au centre, enfoncé dans la peau de notre vieille planète comme une écharde empoisonnée, était ce cylindre. Mais le poison avait à peine commencé son œuvre. Autour de lui s'étendait la lande silencieuse, mal éteinte par places, avec quelques objets sombres, à peine visibles, gisant en attitudes contorsionnées ici et là. De distance en distance un arbre ou un buisson brûlait encore. Plus loin, c'était comme une frontière d'activité au-delà de laquelle les flammes n'étaient pas encore parvenues. Dans le reste du monde, le cours de la vie allait son train comme depuis d'immémoriales années. La fièvre de la lutte, qui allait bientôt venir obstruer les veines et les artères, user les nerfs et détruire les cerveaux, était latente encore.[8] »

8 H.G. Wells, *La Guerre des mondes* (1898), traduit de l'anglais par Henry Davray, Paris, Gallimard, 1990, p. 53.

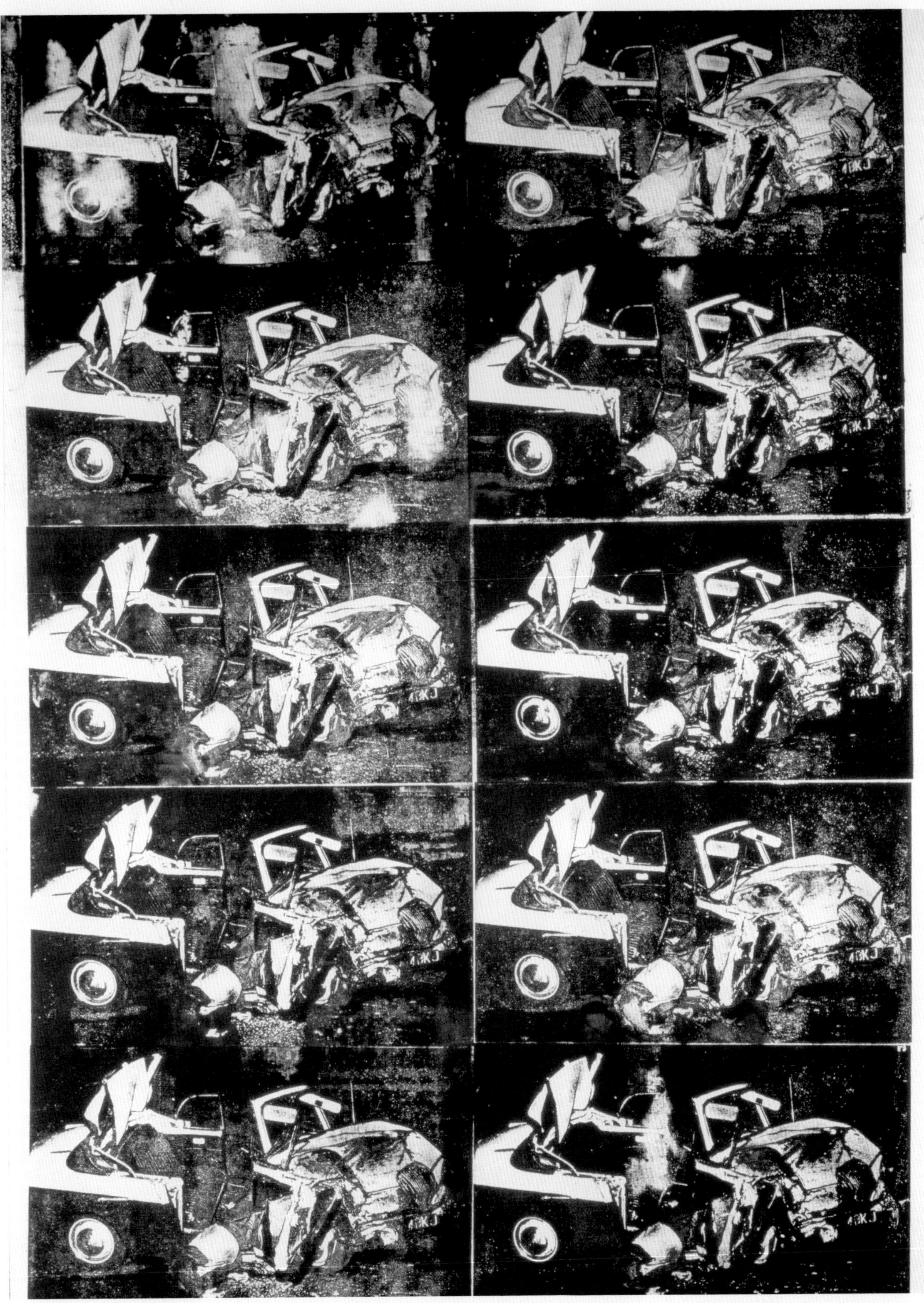

ANDY WARHOL
Silver Car Crash, 1963
Silkscreen ink and silver paint on canvas
103 3/4 x 80 1/4 inches

DEATH AND DISASTER IN ART BEFORE AND AFTER WARHOL

Michael Bracewell

There'd be an overnight breakdown of basic social services, world-wide. Rioting... Mass religious hysteria... Total chaos. You can imagine. Basically the worst parts of the Bible.

NASA Space Director Dan Truman updating the US President on the projected consequences of informing the world population that an asteroid the size of Texas is on a collision course with Earth.

'Armageddon' (1998), Screenwriter J. J, Abrams. Touchstone Pictures

ONE.

How do we grade the visual language of disaster? At what point do drama, horror, spectacle and moral evidence, in their visual form, acquire a potency or incisiveness that the viewer feels neither able nor willing to confront?

At their most terrible, as Georges Didi-Huberman has addressed in his book 'Images In Spite of All: Four Photographs from Auschwitz' (2003), such questions lie at the core of not only our ability to absorb and understand visual information, but our capacity to understand ourselves, collectively and as individuals.

And more: for when faced with images of Hell on Earth, such as those photographs taken *"in spite of all"* (Didi-Huberman's italics) by doomed prisoners at Auschwitz: "In return, we must contemplate them, take them on, and try to comprehend them. Images *in spite of all* : in spite of our own inability to look at them as they deserve; in spite of our own world, full, almost choked, with imaginary commodities."[1]

The modern political history of Disaster (the earliest definition of the term had been astrological, and meant "ill starred") has of course no formal beginning or end. Epochal events no less than centuries tend not to respect the neatness of temporal boundaries. But we might conjecture the Great War of 1914 – 1918 as being the first modern *global* disaster, and the attack on the World Trade Centre in September 2001 as being the last. Both events – the first lasting four years, the second taking place in seventeen minutes – comprised violence and catastrophe on such a previously unimagined scale, that their resonance and trauma appeared to mark a fundamental shift in the course of world history.

Both of these events intimated a worldwide sense of primal uncertainty: an augury of apocalypse, as though the previous world order – neatly defined as 'civilization', and hitherto an inviolable certainty – was no longer stable. Likewise the Holocaust and the atomic bombing of Japan in 1945 – events of such inconceivable horror and destruction that the line spoken subsequently in a Hollywood feature film of the late 1990s, "Basically the worst parts of the Bible" works well to acknowledge the tipping point of historic actualities into the visionary aspects of apocalyptic theology or religious mysticism: the End of Days.

The history of art has a millennia-long engagement with the history of Disaster. Indeed, the function of Classical mythology as an encyclopedia of human consciousness, from motivation to action to consequences to dreams, has its basis in the concept of disaster and catastrophe – of that which is ill starred as much as favored by the gods.

1 Didi-Huberman, Georges – Images in Spite of All: Four Photographs from Auschwitz – University of Chicago Press, 2008

But where, in the world of first Mass Culture and then Postmodernism, that has developed since the middle years of the twentieth century, might we locate a modern equivalent to the psychological encyclopedia described by the myths of ancient Greece and Rome? One answer to this question might be within the fables of popular culture – in popular cinema and mass media, or the songs recorded by Elvis Presley across a twenty-one years period from 1956 ('Heartbreak Hotel') to his death in 1977.

As proposed by Greil Marcus in his book, 'Dead Elvis: A Chronicle of Cultural Obsession' (1999), coinciding with the sub-cultural revolution of punk, the death of Elvis Presley might itself have been taken as an 'apocalyptic' event: the melancholy conclusion, brought about by satiation from drugs and over-eating, of the accelerated life of the figure who embodied both the glamour and the terminal consumerism of the Mass Age, and as such might be taken as its main sacrificial victim.

Even in the early years of the 1960s, Andy Warhol had stated that there were now generations of kids who knew only a total Pop world: a society – a universe – of mass media, mass production and popular culture.[2] He recognized with equal prescience the place in that total Pop world of death and disaster: the Jungian Shadow of the glamour, technology and plenty of modern and postmodern consumer culture. Such horror, fear and violence is both vivid and obscure, ever-present and encased in the shroud of mass media. It denotes a meeting point (as also described by the selection of works in the present exhibition) between the thought processes of the Gothic, science fiction and the journalistic noosphere.

This acknowledgement, best summarized, perhaps, by Warhol's 'Electric Chair' images, might be seen as the Mass Age update of the seventeenth century maxim: 'Et In Arcadia Ego'. It also marks the point, arguably, from which contemporary art has taken its psychological and cultural bearings when addressing the notion of disaster and the presentiment of Apocalypse – throughout an age during which ideological fundamentalism and globalization have pursued concurrent paths.

TWO.

INTO THE SHADOW: WARHOL

In his diary entry for Thursday 2 December, 1976, Andy Warhol records: "Went home and watched the news, it's all the Gary Gilmore thing, every night they have him on saying he wants to die, he wants to die."

Even in his reported speech Warhol seems to massage the dramatic horror of the modern condition, as much as its pop glamour or brand-name commodities, into a streamlined, stark and coldly distanced simulacrum of itself. But there is also an undertow of deep emotion, akin to a sense of elegy or requiem.

In this case, the grisly unfolding of convicted double-killer Gary Gilmore's death sentence is simultaneously codified by Warhol as being just another news story, doing the rounds – a sensation already lacking, even, the status of novelty ("it's all the Gary Gilmore thing...") – *and* acknowledged as a terrible real-life drama: "he wants to die,

2 Warhol, Andy and Hackett, Pat –
POPism – the Warhol Sixties.
Harcourt Brace Jovanovich, US 1980s

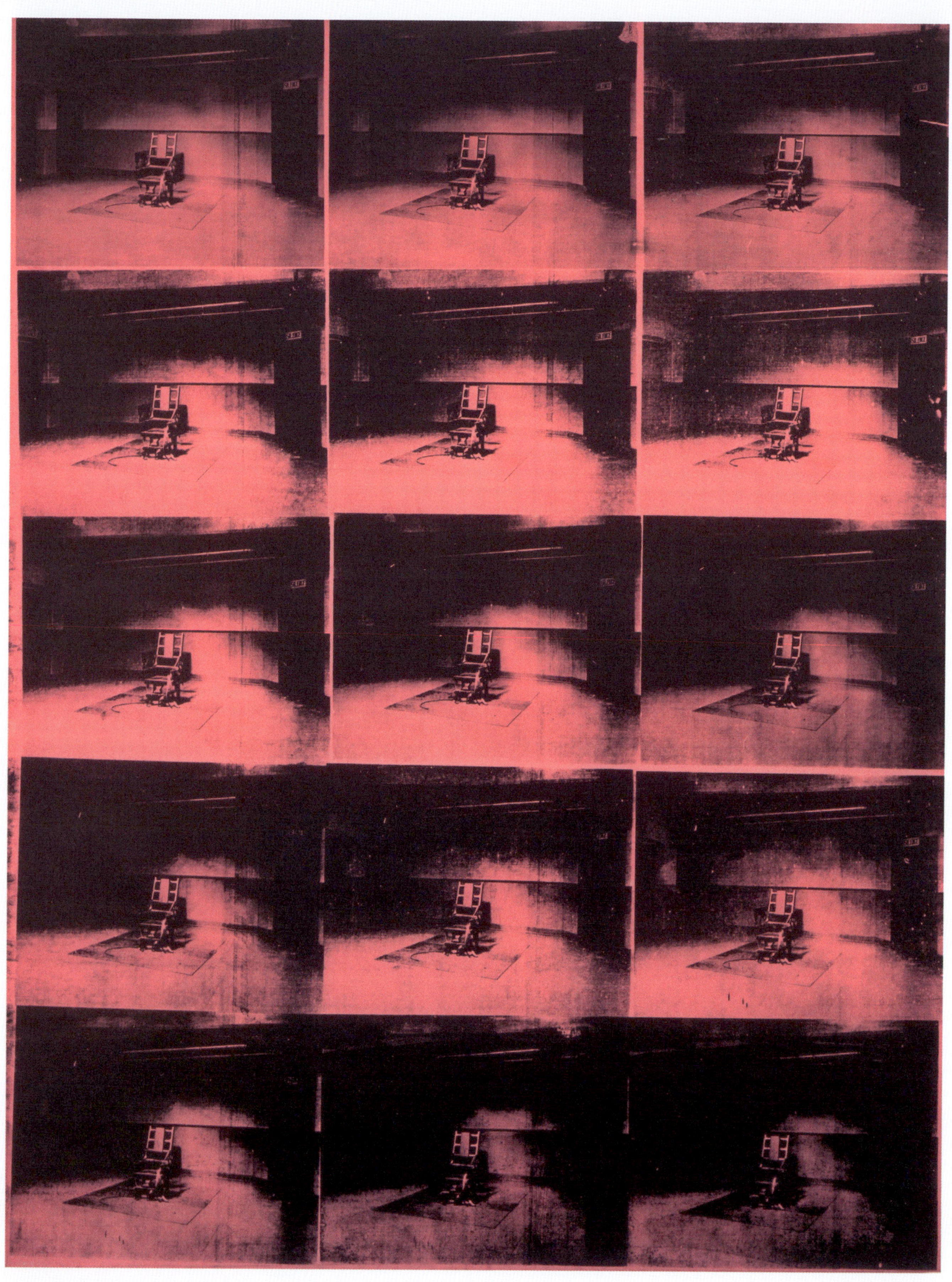

ANDY WARHOL
Lavender Disaster, 1963
Synthetic polymer paint and silkscreen ink on canvas
106 × 81 7/8 inches

he wants to die…" In this there seems to be a conflation of cold impersonality and emotional warmth: a fusion of opposing sensibilities that appears replicated in much of Warhol's art making – if not on its much-discussed surface, then just beneath, as though at a sub-sonic level.

In the Gilmore diary entry (between accounts of society dinners, callers to the Factory and celebrity gossip) Warhol engages with two of the most inter-connected qualities within his iconography as an artist: Repetition (of the phrase "he wants to die") and Mass-Mediation (in this case, of the assimilation of the moral and emotional complexity of Gilmore's fate into the loop of TV journalism: "it's all the Gary Gilmore thing…")

The confluence of these two qualities in relation to the two murders and the killer's execution (by firing squad in Utah, nineteen days later) results not, as one might think, in a coldly cynical attempt to subsume their violence into a mechanized and amoral response to the modern world. Rather, they combine to articulate an acute pronouncement of loss, shock, horror and tragedy. Repetition, in this context, takes on the emotional shading of mourning: for the frailty of life against the indifferent passage of time – with time given representation by the tireless processes of mass media.

Warhol's fascination with the shadow side of modern America had emerged early in his art, with the 'Death and Disaster' series of paintings – including 'Red Car Crash', 'Purple Jumping Man', 'Tuna Fish Disaster' and the beginnings of the 'Electric Chair' series – made between April 1963 and February 1964. At once cinematic in their visual tempo, seemingly rough-hewn from within the commercial screen-printing process, and morbidly compelling, these works appeared like moral X-rays of national quotidian tragedy.

Their imagery, according to Warhol's studio assistant during the time of their creation, Gerard Malanga, was drawn in many cases from "those photographs that seemed to have been censored out of the mainstream press"[3] to appear in "sleazy tabloids like 'The National Enquirer'"[4]. In the case of 'Tuna Fish Disaster', however, the subject was drawn from the more respectable source of 'Newsweek' magazine, issue for April 1, 1963. Here was reported the story of tins of contaminated tuna fish that killed two housewives in a suburb of Detroit – a combination of bizarre sudden death and routine household commodities that must have held a particular resonance for Warhol, whose subjects would famously include Coke bottles, soup cans and Brillo boxes, as well as suicides, funerals, automobile accidents, race riots and the apparatus of state execution. Here too was the combination of the daily and the extraordinary that could also be found in movie magazines and fan club merchandise. And in Warhol's vision of modern world, death and disaster, glamour and commodity culture, were all an inter-relating dynamic within the industrial Mass Society.

Warhol's choice of subjects in relation to his favored, commercially derived art-making processes, thus established both a tension and a precise symmetry of opposites: between quotidian familiarity and the stuff of sensation in all its many shades of delectation – a replication of modern consumerism, be that of processed food, mass media or pop celebrity. In this, the artist exchanges the role of he-

3 Gerard Malanga film interview with Brett Gorvy, Christies, New York, January 2007

4 Ibid

roic or tortured seeker-after-artistic-truth (as typified by Abstract Expressionism) for that of consumer and analyst of consumerism.

But however blank Warhol's pose, or monosyllabic his conversation, insulation and detachment in his work did not necessarily follow. In the case of Warhol's art, there is rather a profound sense of witness: the gaze that can relish the handsome cool of gun-slinger Elvis, or raw cash, must also face the mangled bodies in a car crash or the form of a person jumping to their death. However slickly jubilant the march of technology and luxury lifestyle, random tragedy is ever present – in the lives of the wealthy, famous and beautiful as much as the poor, the obscure and the hopelessly disempowered. And however robotic, impassive or withdrawn, no human being is immune from the volatility of fate – from the presence and potential of individual and collective catastrophe.

Indeed, such catastrophe is ever present; and the art of Andy Warhol – like the prose of his ancestor in the anatomy of modern glamour, F. Scott Fitzgerald, who noted that "all the stories that came into my head had a touch of disaster in them"[5] – seems never too distant not only from meditation on mortality, but the incongruous imprint of death within the optimism and technological ingenuity of modern American life.

One of Warhol's early idols, the writer Truman Capote, would also observe the manner in which the maturing American Dream was paced by its Shadow – the lightning strike of inexplicable horror and violence that seemed to indicate a world of out balance. In his best-selling account of the murder of a respectable rural family, and the capture, trial and execution of their killers, 'In Cold Blood' (1966), Capote notes how prior to the murders, the small Kansas town of Holcomb had been an undisturbed place, and how, like the yellow Santa Fe express that thundered past, "drama had never stopped there."[6]

Like that author, Warhol was fascinated by the unscheduled arrival of drama, by killers and their victims, and how ordinary citizens responded to the news. In many ways, one feels it was the very banality of routine tragedy – as though read in a newspaper or heard on a radio station – that the artist responded to so readily. But arguably, and despite Warhol's assertion to the contrary, there was more beneath the surface of his work than empty depth: there was a presentiment of death, ever present, like a fluctuating radio frequency. Such, perhaps, was the message that Warhol left to the world, and to the artists by whom he was succeeded. *"...Every night they have him on saying, he wants to die, he wants to die..."*

THREE.

WARS OF THE WORLDS: AFTER WARHOL

The works selected for 'Disaster/The End of Days' are the product of a global society in which geo-political and ecological instability have become increasingly volatile, while the directives of capitalist consumer culture have been ruthlessly and internationally pursued. Culturally, much of the world could be said to have lingered within the dusk of the so-called 'postmodern' condition – an epoch

5 Fitzgerald, F Scott – 'Early Success'
'American Cavalcade' magazine, US, 1937

6 Capote, Truman – In Cold Blood.
Random House, US 1966

ANDY WARHOL
Tunafish Disaster, 1963
Synthetic polymer paint and
silkscreen ink on canvas
41 x 22 inches

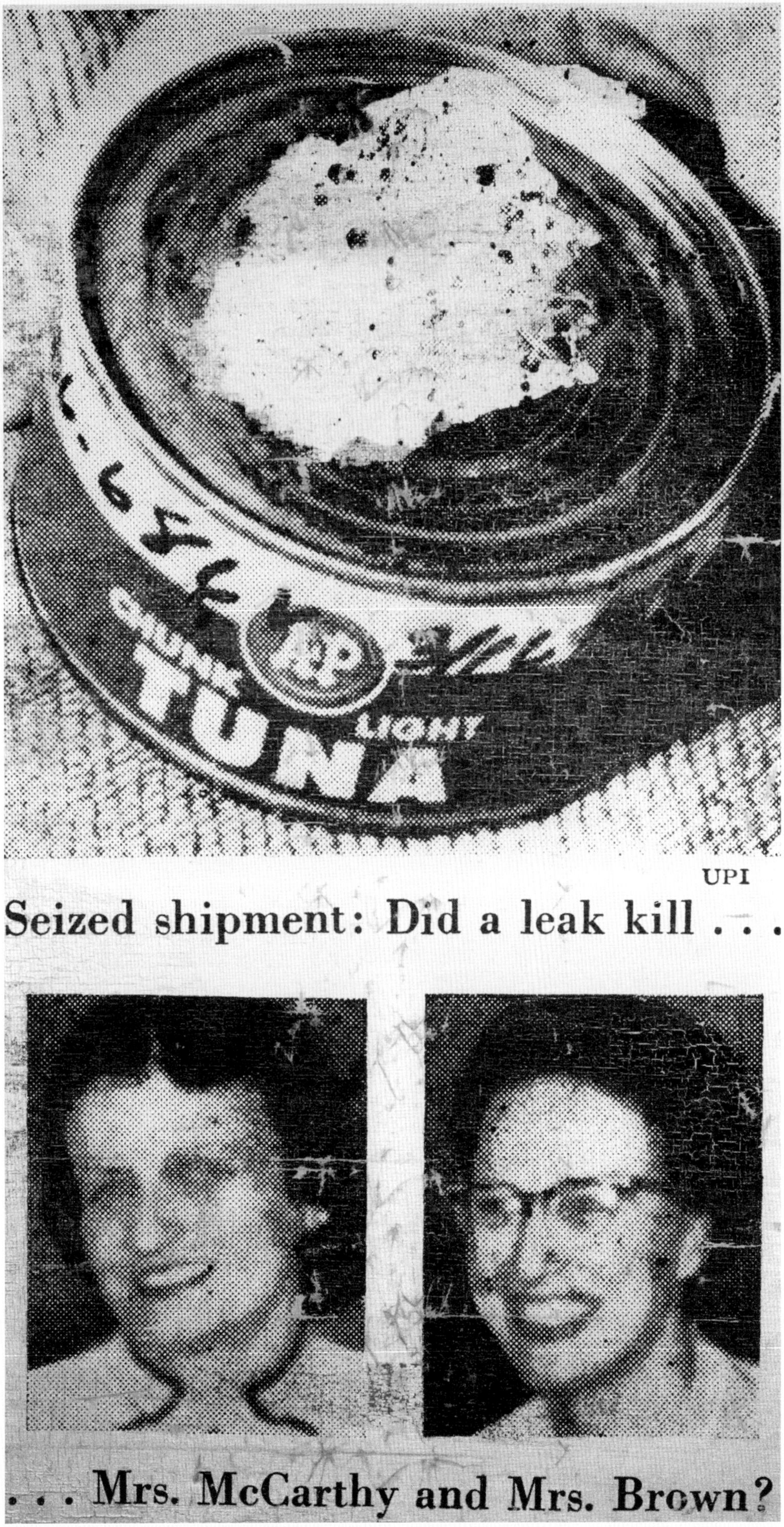

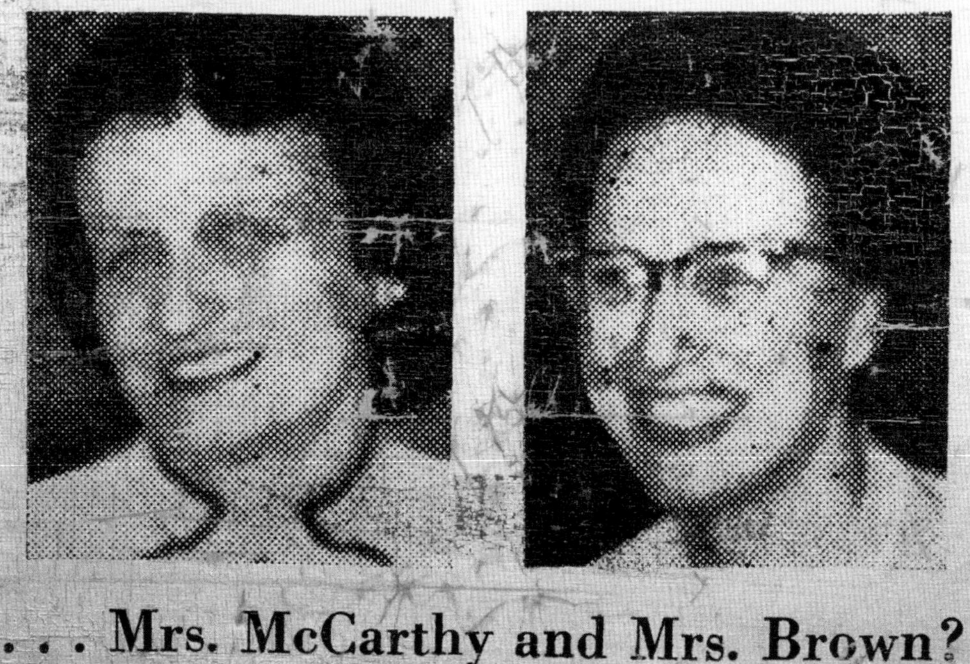

during which new models for art-making, often based upon citation from news media, pop cultural or art historical sources, has been matched by a sense of co-joined moral exhaustion and ideological crisis.

To an extent, therefore, we inhabit in the west a Warhol world in which wealth and fame, media, sex, consumerism and technology are the dominant cultural action points, framed by the ever-present, threatening but oddly unreal presentiment of death, tragedy and disaster. At its zenith, the postmodern period had provided a cultural metaphor for the gluttonous expansion of lifestyle consumerism. Throughout the 1980s, the postmodern style might be said to have reveled in its own stylistic audacities – producing an elegant and clever hybridization of aesthetics and self-commentary, in which collaged quotations from cultural history no less than the media and materials of art-making became like the costumes at a theatrical costumiers, from which people might select outlandish outfits for a fancy dress ball.

Descendent from such carnival, however, pastiche, high aesthetic game playing and semi-ironical historicism have taken on a darker incarnation. The artist has been faced with the existential dilemma – as noted by Robert Motherwell in his writing on Marcel Duchamp – of transcending the endlessness of mere aesthetic choice and encountering political, ethical and spiritual considerations: "If all colors or nudes are equally pleasing to the eye," asks Motherwell, "why does the artist choose one color or figure rather than another? If he does not make a purely 'aesthetic' choice, then he must look for further criteria on which to base his value judgements."[7] Such had been the question posed by philosophers in the mid-nineteenth century, to be regularly revisited throughout the twentieth, expedited by the calamitous turn of world events.

Postmodernism in its classic sense, by such reasoning, might be historically regarded as less a response to technological acceleration and cultural materialism, and more their partner in excess – an exhilarating detour around the artistic problems posed by modernism, nearly eighty years before, and one which reflected back to itself the atherosclerotic consequences of unchecked global capitalism. That postmodernism itself would turn out to be the house style of cultural materialism *in extremis*, and as such modernity's undertaker, dressed to kill, would be a final irony of both the much-debated label, and the epoch that bears its name.

Under such conditions, popular culture provided successive premonitions of apocalypse and catastrophe, while new media converted disaster and social dysfunction into the self-generating discourse of infotainment. Mainstream cinema appeared to have rehearsed many times over, in terms of imagery, the scenes of black smoke and debris-heavy dust drifting over Manhattan, that were realized on September 11th, 2001; likewise ecological and urban collapse, and the rise of fundamentalist religious, racial and political hatreds.

Contemporary art, as evidenced by the works in 'Disaster/ The End of Days', has been drawn to respond to the subject matter of catastrophe and apocalypse in a manner that both addresses the ghosts of historical or mythical past (from Nazism to the casting out from Paradise of Adam and Eve) and asserts the notion that history itself

7 Cabanne, Pierre, Motherwell, Robert and
Johns, Jasper – Dialogues with Marcel Duchamp.
Thames & Hudson, London, 1971 p. 11

has become a vertiginous concept – its realities re-constituted in a spectral or stylized form, at once theatrical, allegorical and ambiguously idealized. It is as though history has become subject to chemical processes: rusted, petrified, oxidized, liquefied; or turned into a broadcast of itself, blankly mimetic, reconfigured as modern Gothic, or brutally journalistic.

What emerges is a revisiting of the genre of history painting – of deaths and despots, struggles, tragedies, quotidian drama, soldiers: of scenes from the iconography of history, yet refracted into a unifying atmosphere of elegy and phantasm. As critics and historians had distinguished in the emergence of history painting a conflict between the poeticized past and its 'reality', so within contemporary art the treatment of historical subject matter (here relating to disaster, closure and finality) appears poeticized – often as a further commentary upon the role of art history within the contemporary art-making process. Painting and sculpture become séance-like, invoking the spirits of previous art works as a new medium within which to work.

But what is the temper of these contemporary evocations and intimations of disaster and finality? The stark, industrial-commercial, dark, raw directness of Warhol's 'Death and Disaster' images has been exchanged for a mood that if anything appears even more detached. "The image in spite of all" and the responsibility passed on by its creator, witness and, ultimately, participant, has become even more present as an historical precedent within the broader visual culture; at the same time, modern and contemporary art have become forced to diversify their lines of enquiry – in search of development, resolution and relevance beyond the despair of sequestration within infinite aesthetic choice.

And thus the historical becomes the hysterical and the haunted; research resembles exhumation rather than archaeology; and finally the melting point of aesthetic coherence is somewhat raised, as though culture itself were subject to a form climate change, in which the cool to frozen sensibility of Warhol has become alternately humid and without – or beyond – any climate at all.

"So you have the state of things on Friday night. In the centre, sticking into the skin of our old planet Earth like a poisoned dart was this cylinder. But the poison was scarcely working yet. Around it was a patch of silent common, smoldering in places, and with a few dark, dimly seen objects lying in contorted attitudes here and there. Here and there was a burning bush or tree. Beyond was a fringe of excitement, and farther than that fringe the inflammation had not crept as yet. In the rest of the world the stream of life still flowed as it had flowed for immemorial years. The fever of war that would presently clog vein and artery, deaden nerve and destroy brain, had still to develop." H.G. Wells 'The War of The Worlds' (1898)

MAHMOUD BAKHSHI --
Preparation for the Celebration of the Victory of Revolution, Cross Section, 2010

Textile, bois, échafaudage / Fabric, wood, scaffold
300 x 150 x 150 cm / 118.11 x 59.06 x 59.06 in

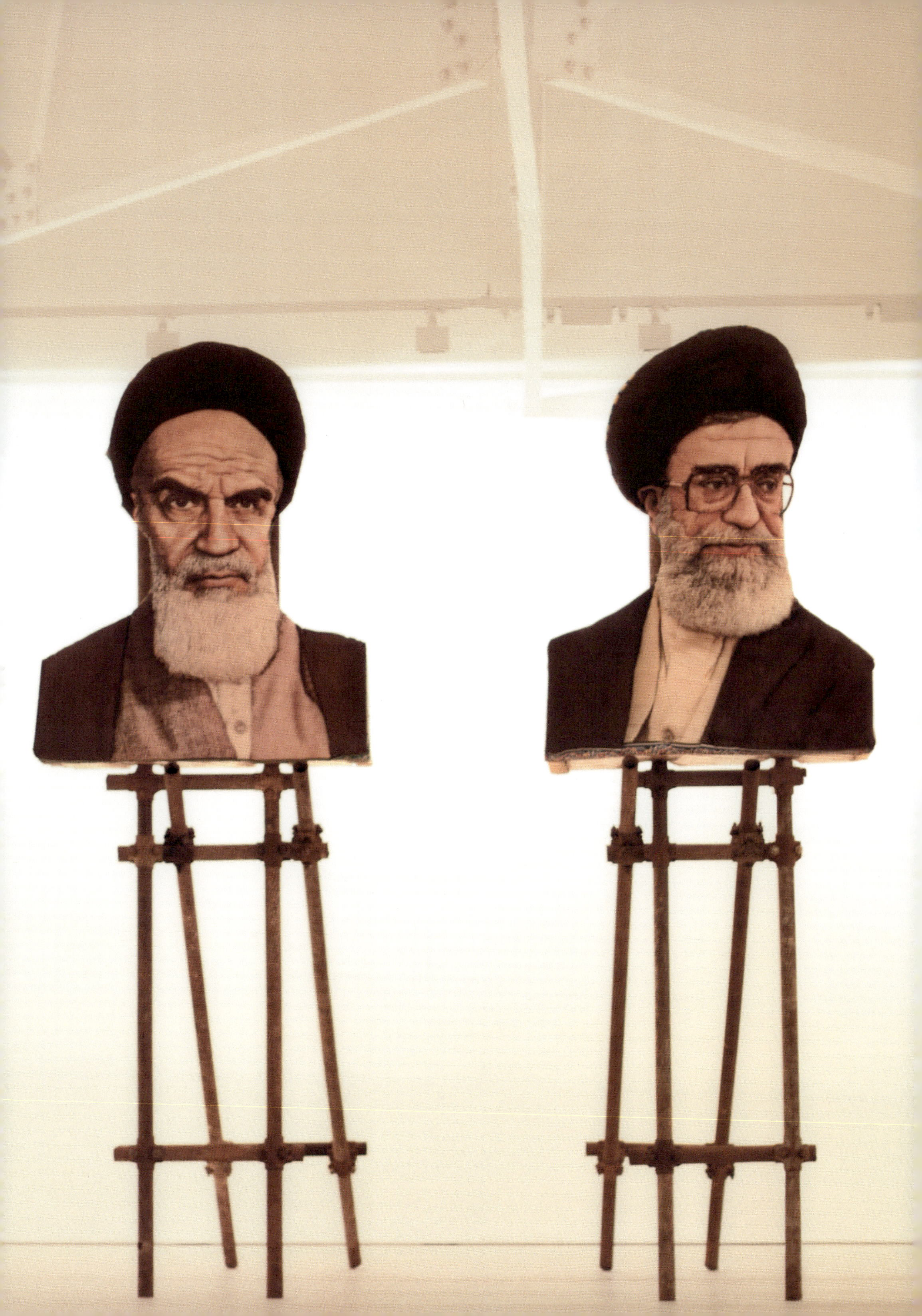

JULES DE BALINCOURT -- *Untitled*, 2012

Huile et pastel à l'huile sur panneau / Oil and oil stick on panel
198,1 x 221 cm / 78 x 87 in

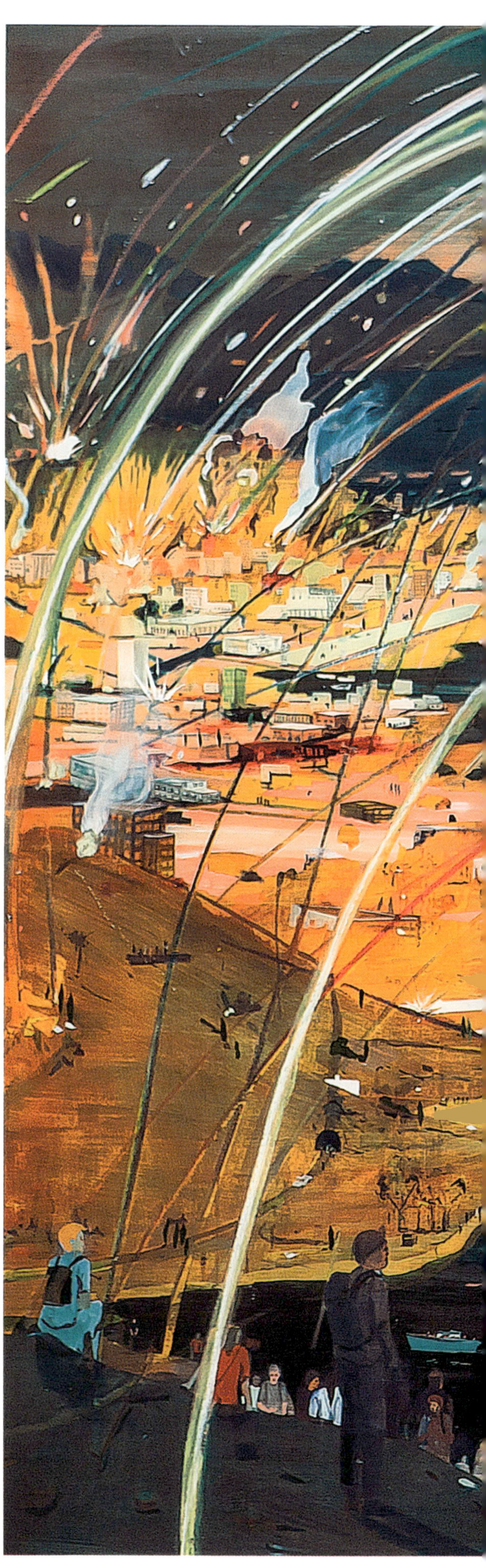

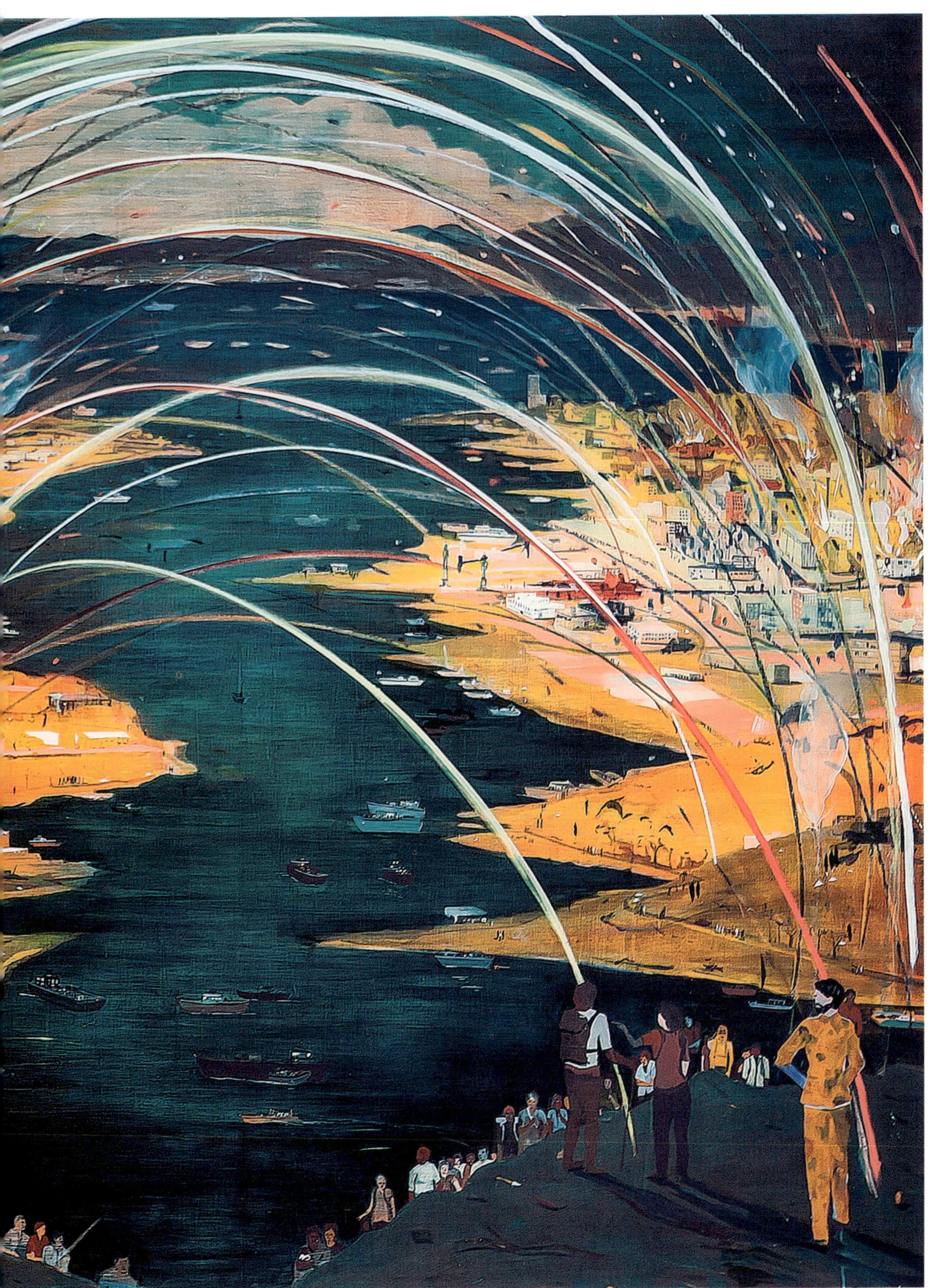

BARRY X BALL -- *Envy / Purity*, 2008 – 2012

Sculpture : Onyx mexicain, acier inoxydable / Sculpture: Mexican Onyx, stainless steel
Socle: Marbre macédonien, acier inoxydable, bois, laque acrylique, acier, nylon, plastique
Pedestal: Macedonian Marble, stainless steel, wood, acrylic lacquer, steel, nylon, plastic
Envy 172,7 × 43,8 × 30,5 cm / 67.72 × 16.93 × 11.81 in
Purity 175,3 × 41,9 × 30,5 cm / 69 × 16.14 × 11.81 in

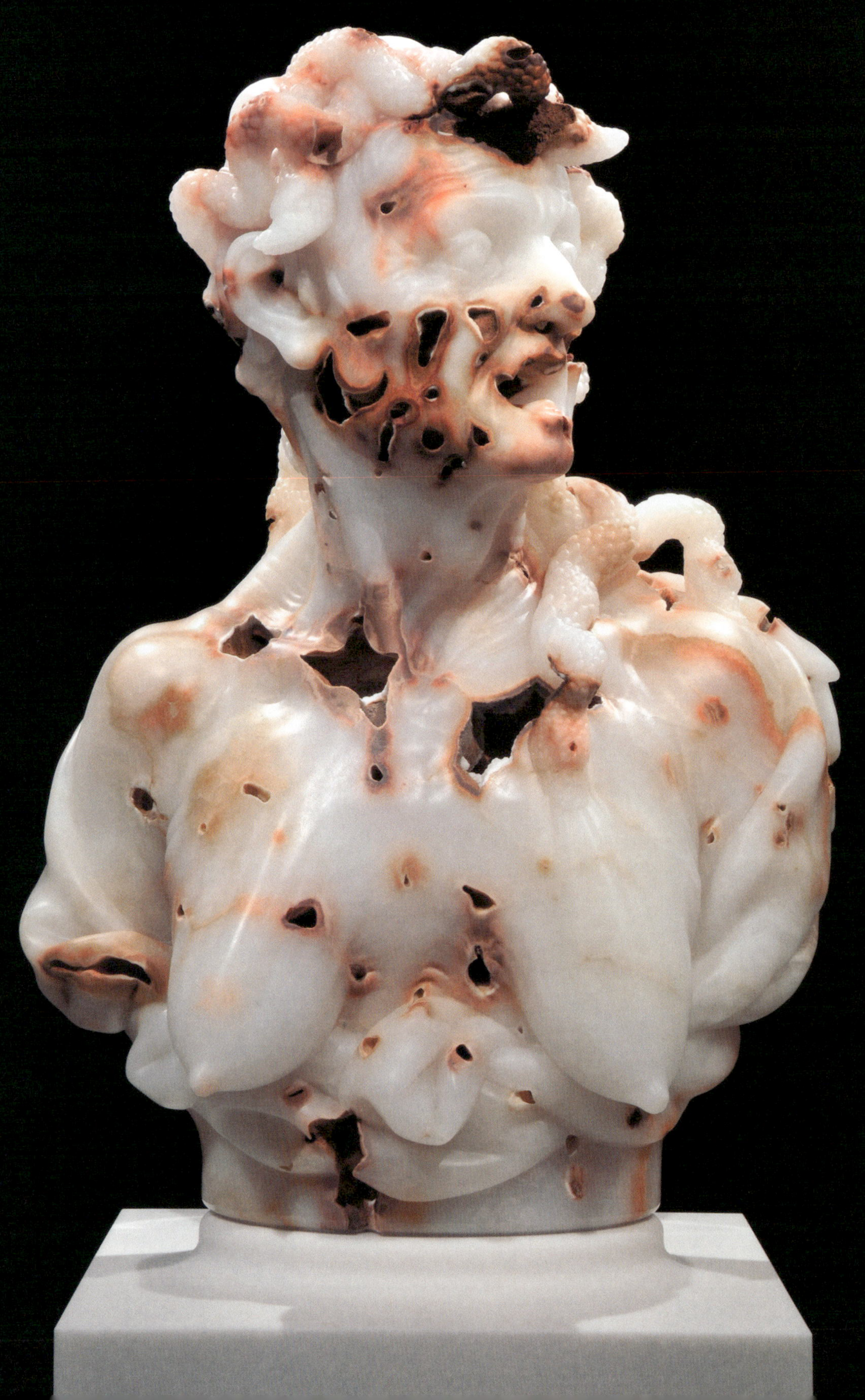

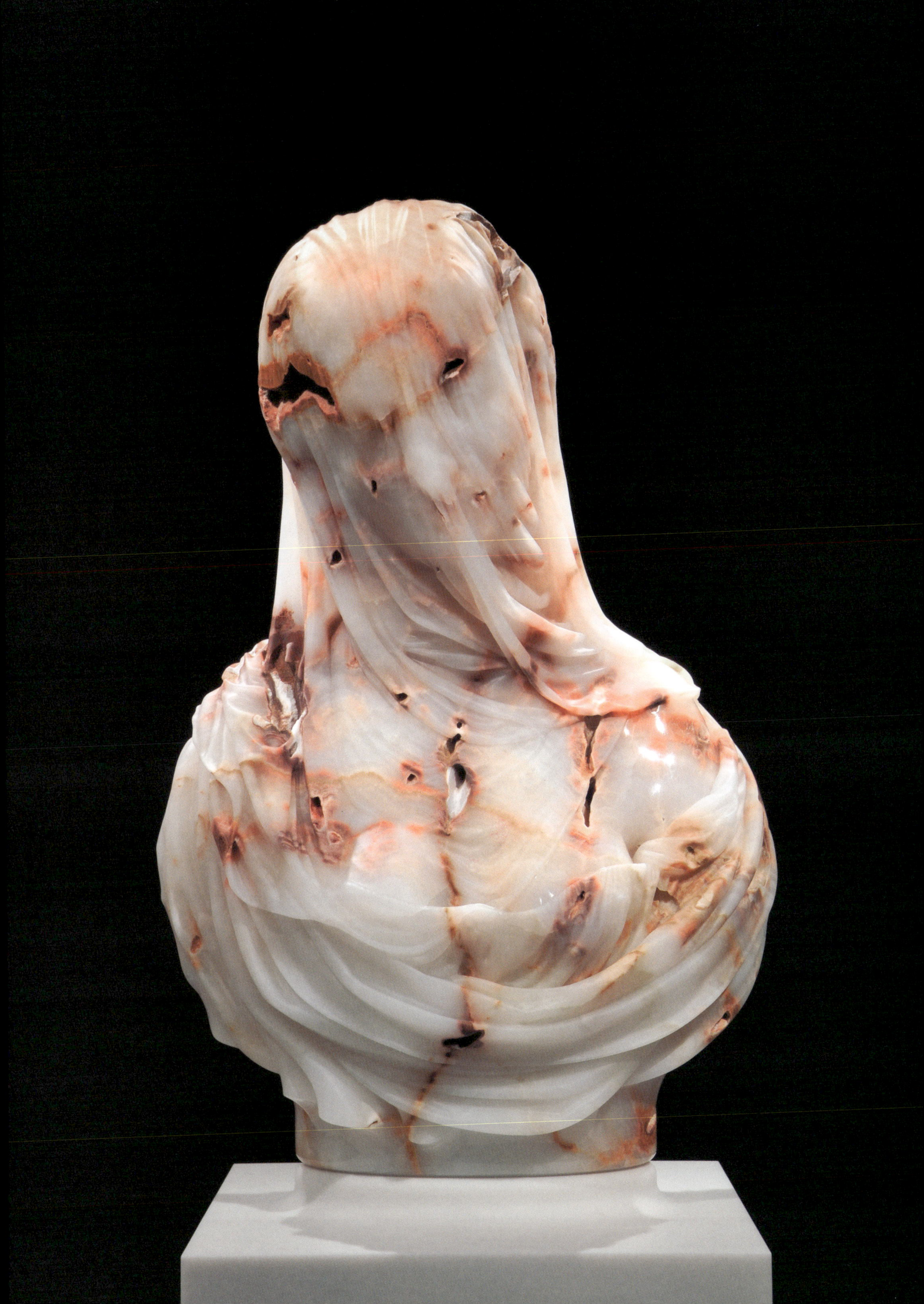

ALI BANISADR --
They Build it up Just to Burn it Back Down, 2013

Huile sur toile / Oil on linen
167,6 x 223,5 cm / 66 x 88 in

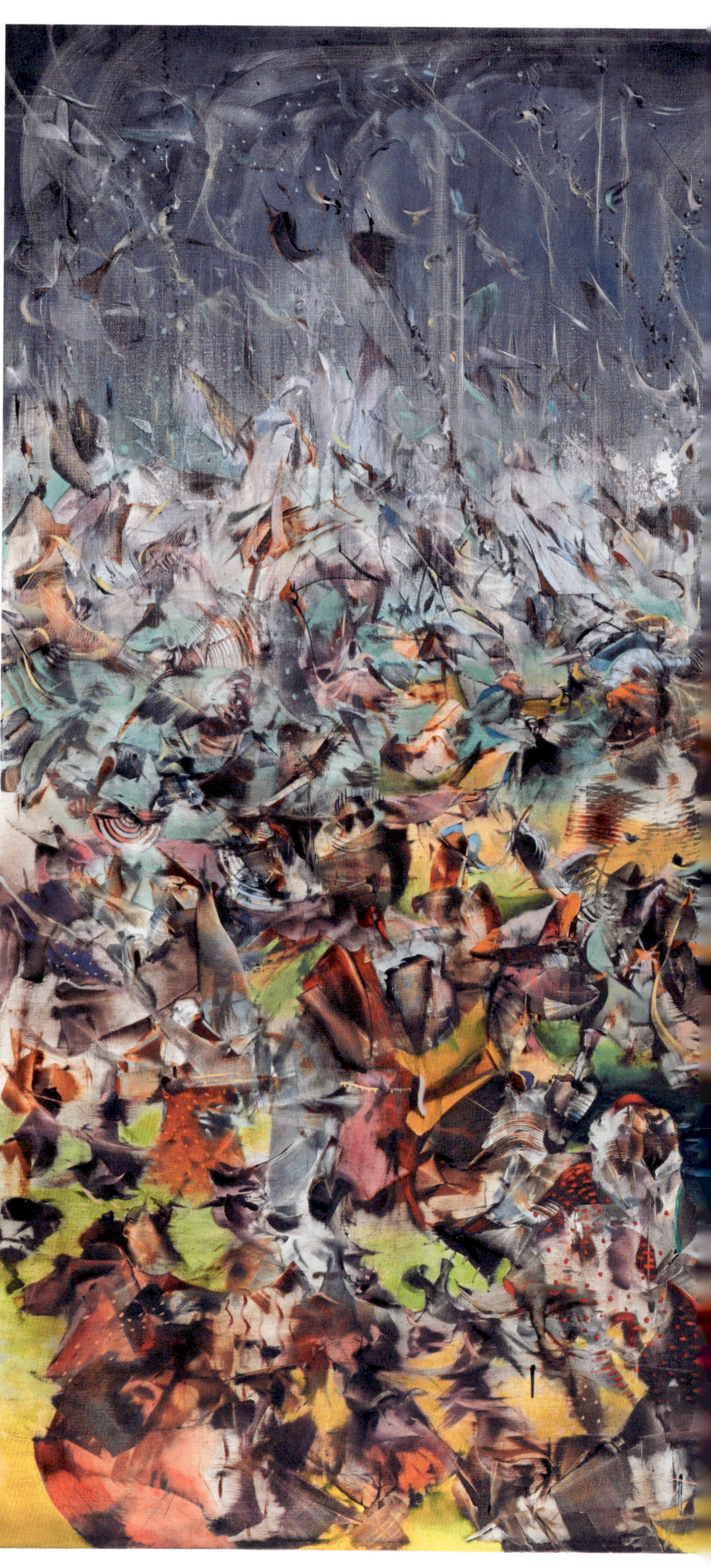

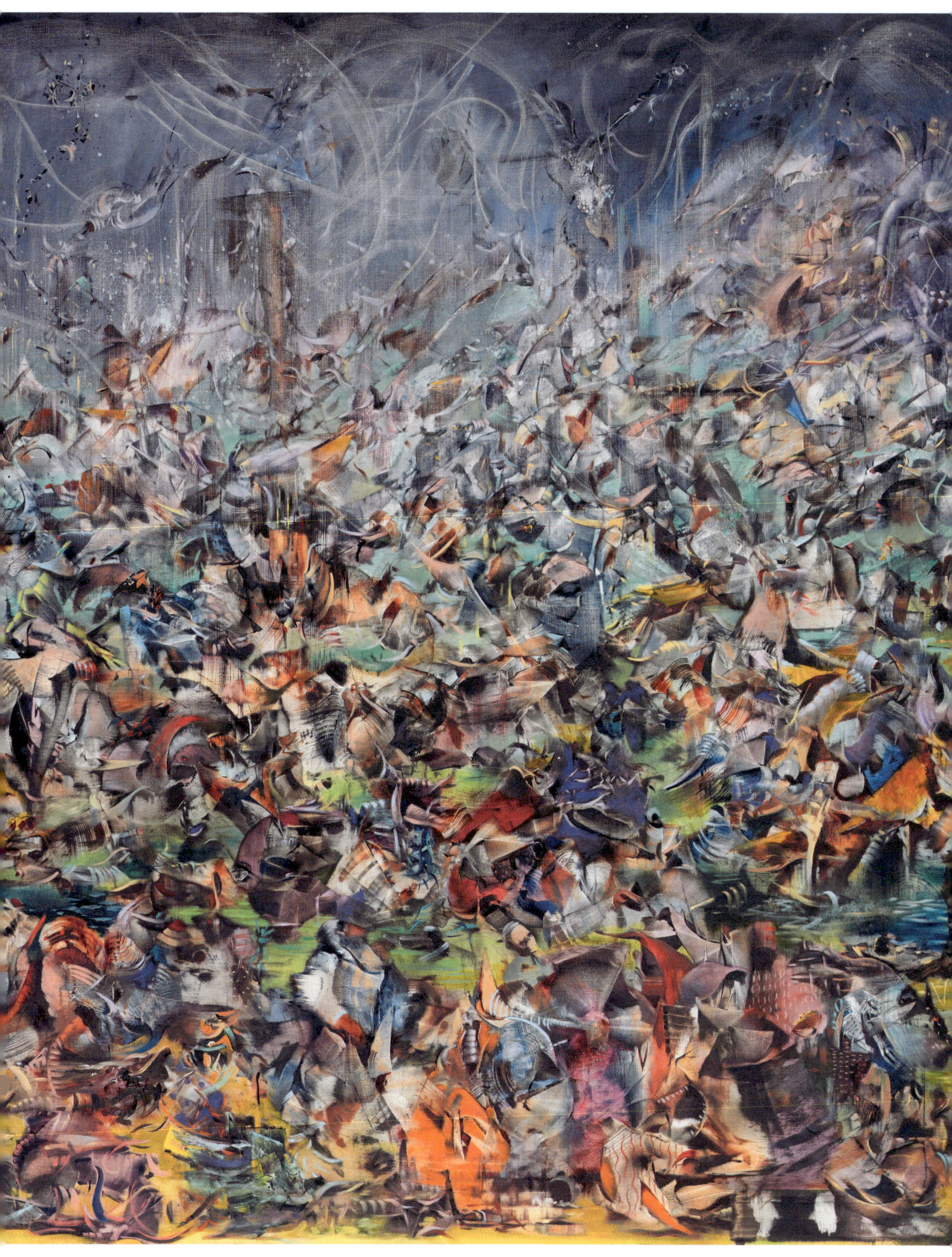

GEORG BASELITZ -- *Remixtyp*, 2007

Huile sur toile / Oil on canvas
300 x 250 cm / 118.11 x 98.43 in

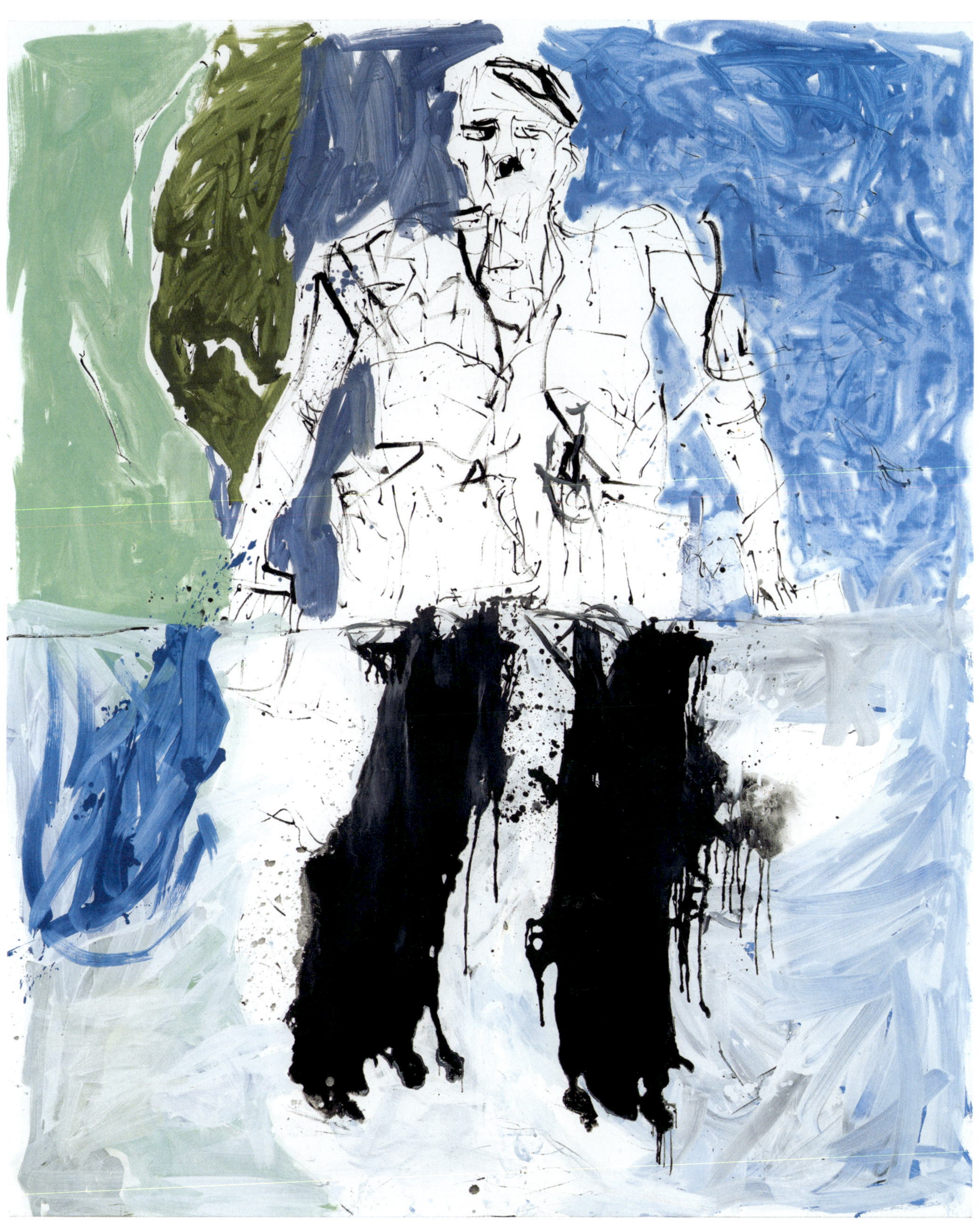

PHILIPPE BRADSHAW --
Raft of Medusa, 2005

Chaines en aluminium anodisé
Anodised aluminium chains
497 x 715 cm / 195.67 x 281.5 in

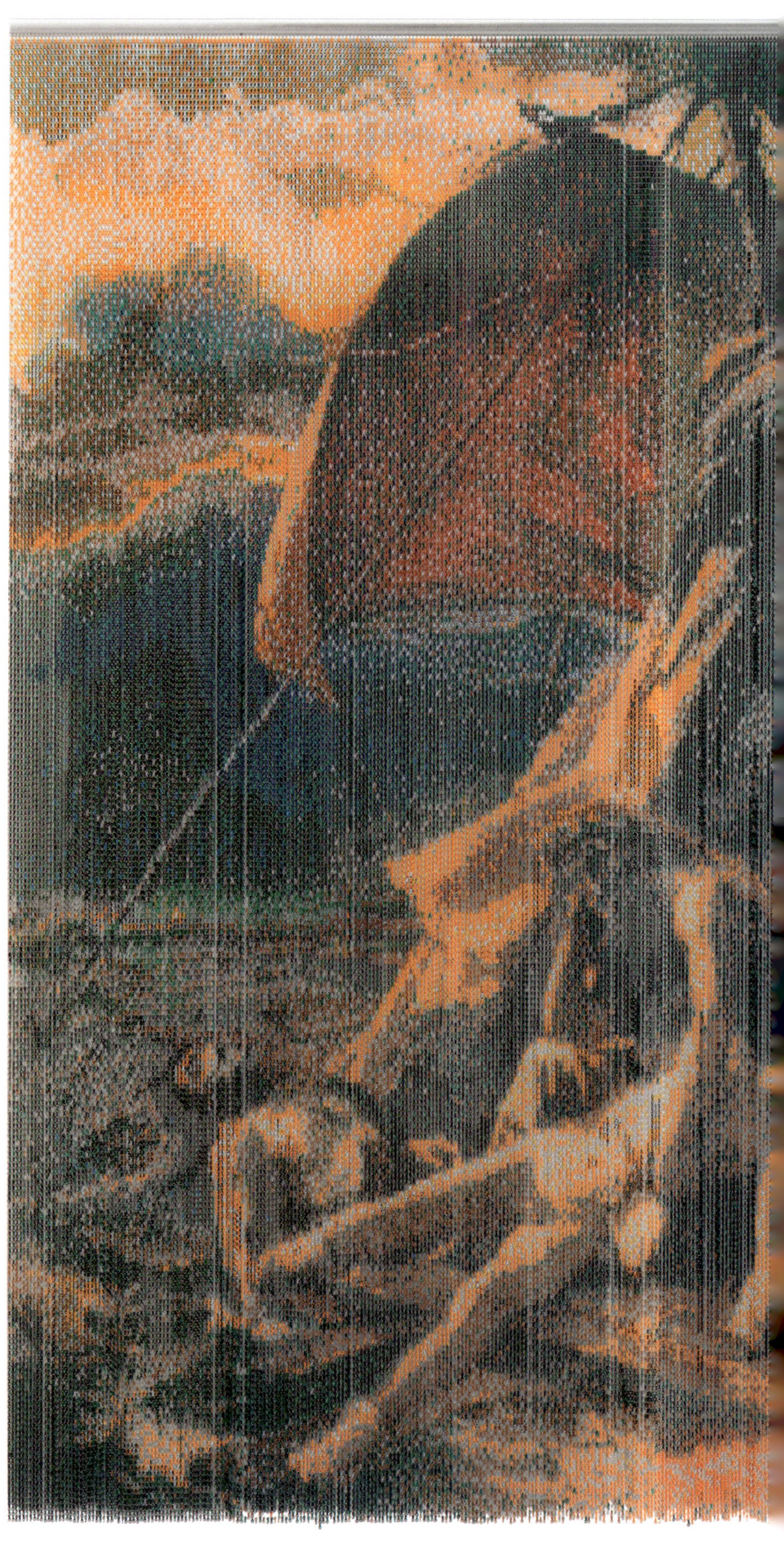

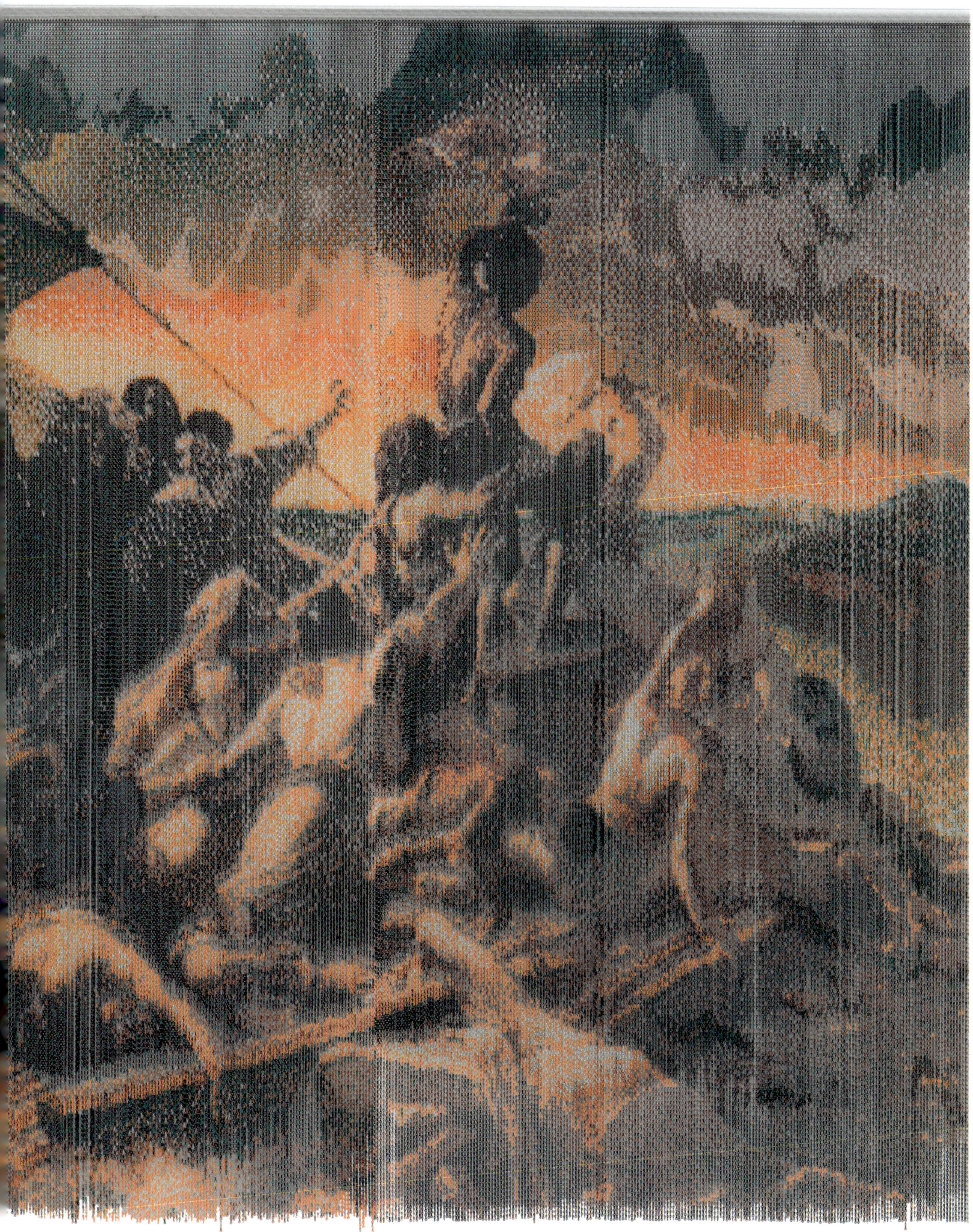

MARC BRANDENBURG -- *Ohne Titel*, 2012

Graphite sur papier, bande son / Graphite on paper, sound recording
120 x 200 cm / 47.24 x 78.74 in

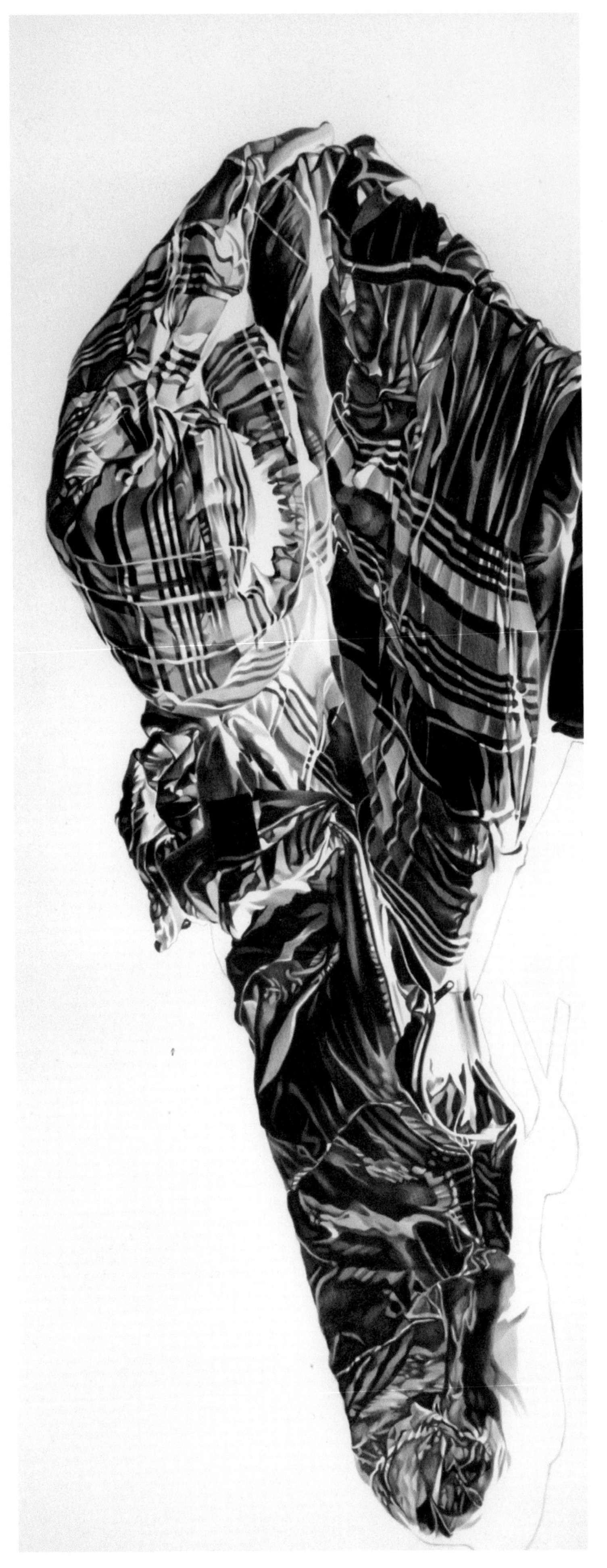

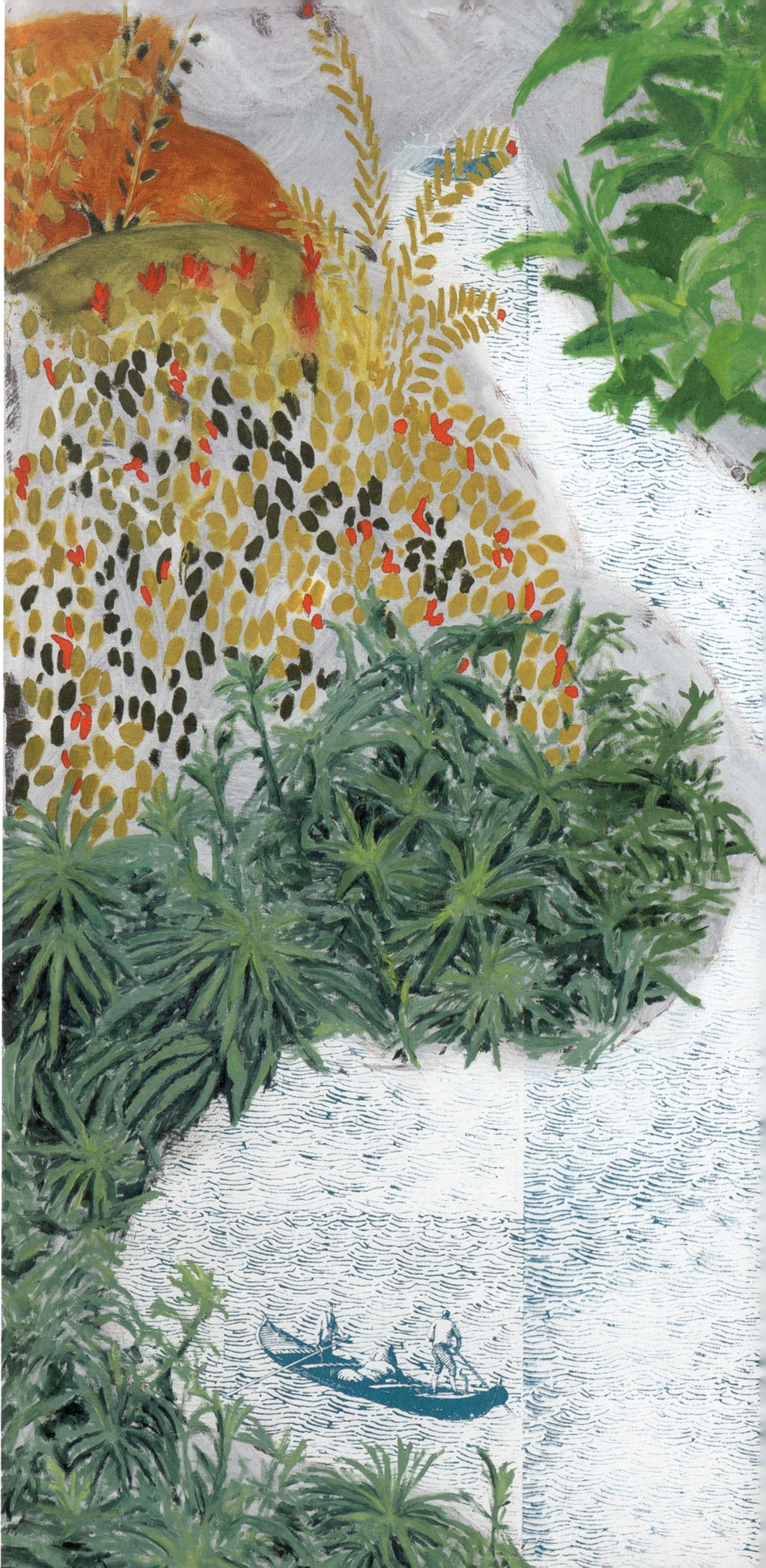

DEXTER DALWOOD --
Stoned Crazy (Kubla Khan), 2011

Huile sur toile / Oil on canvas
250 x 200 cm / 98.43 x 78.74 in

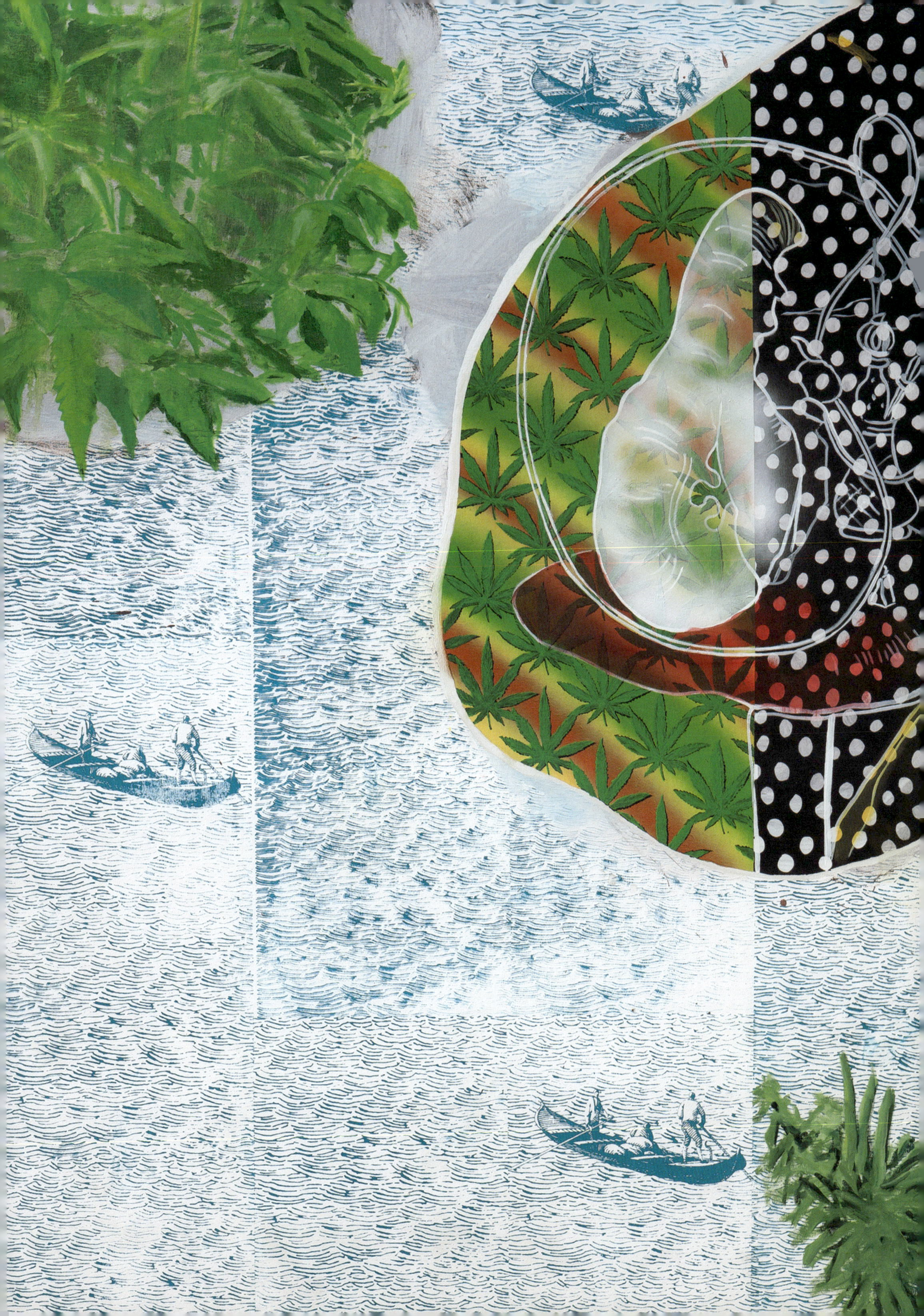

ELGER ESSER -- *Villerville*, 2007

Épreuve en N&B coloriée à la main, sur AluDibond/Forex
B&W-print handcolored on AluDibond/Forex
184,2 x 292,5 x 4 cm / 72.52 x 115.16 x 1.57 in

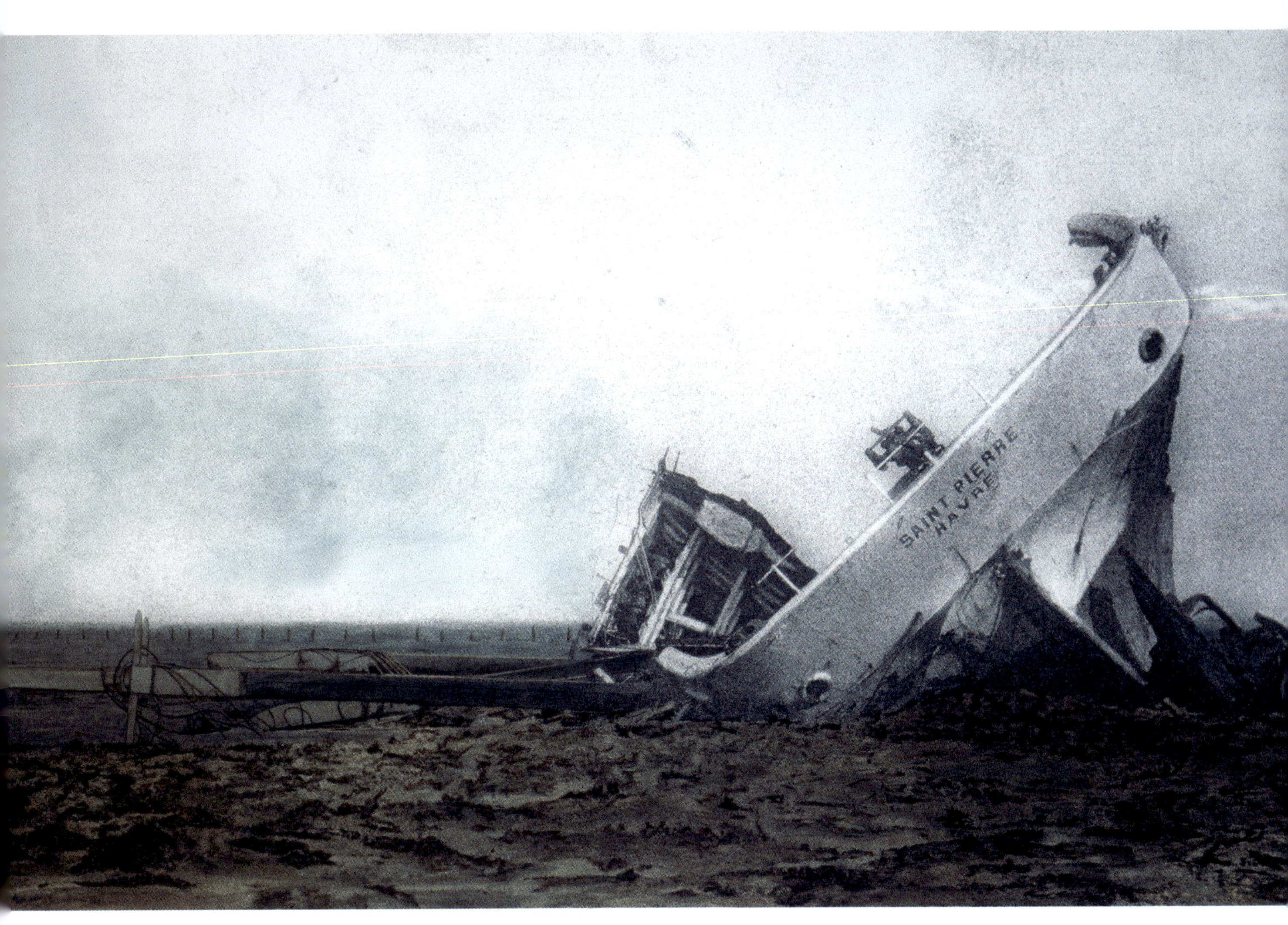

SAINT PIERRE
HAVRE

HARUN FAROCKI -- *Aufschub*, 2007 -- Video, 40 minutes loop

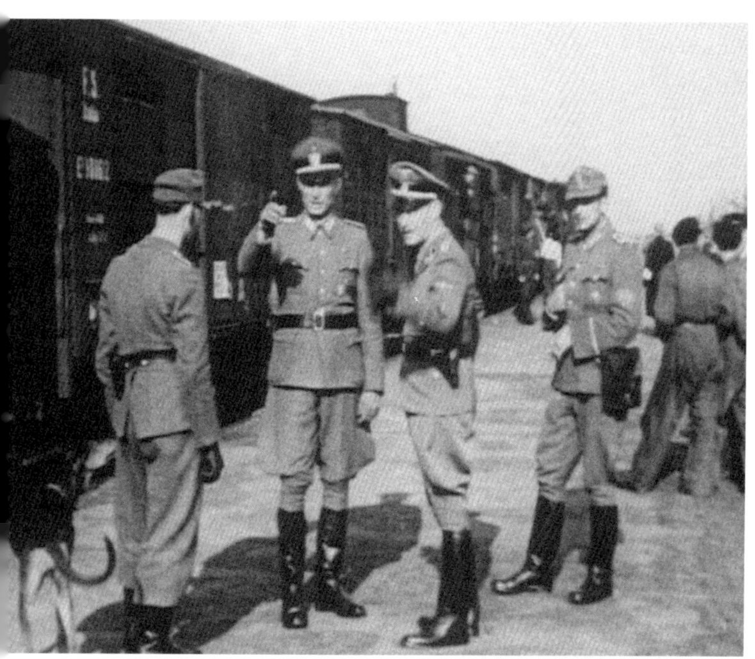
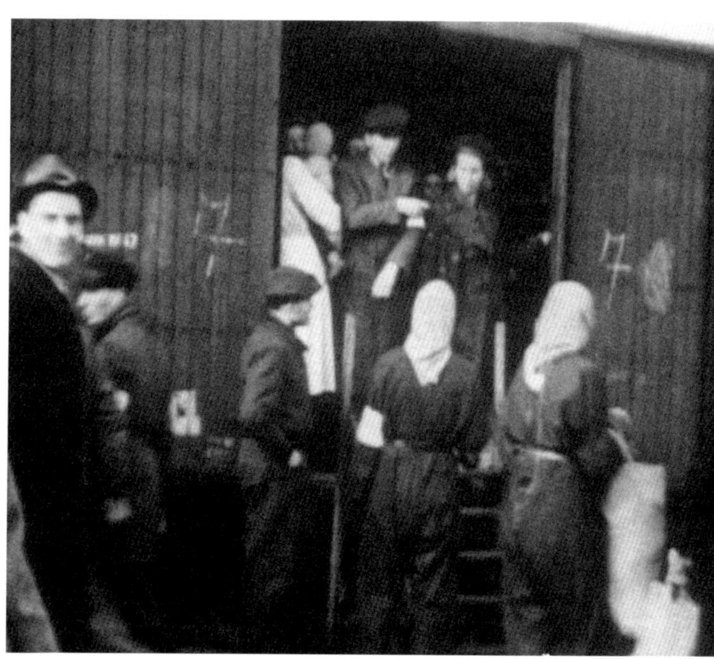
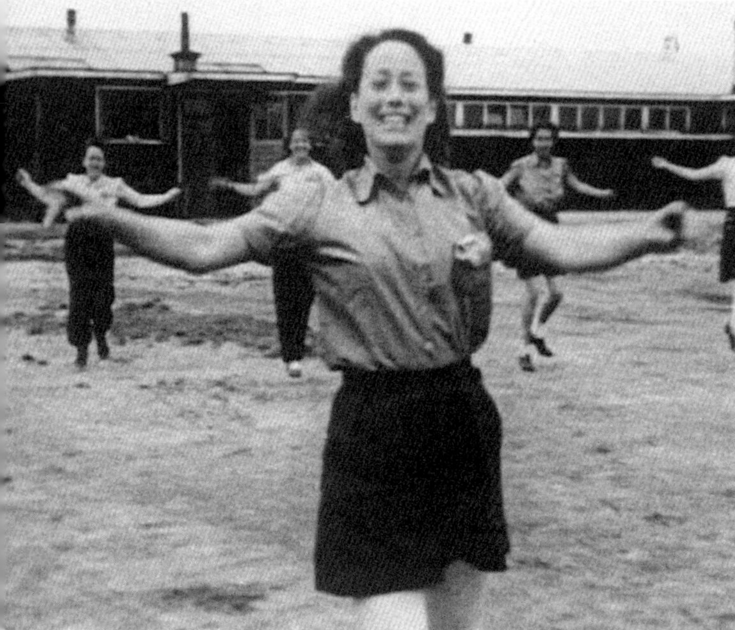
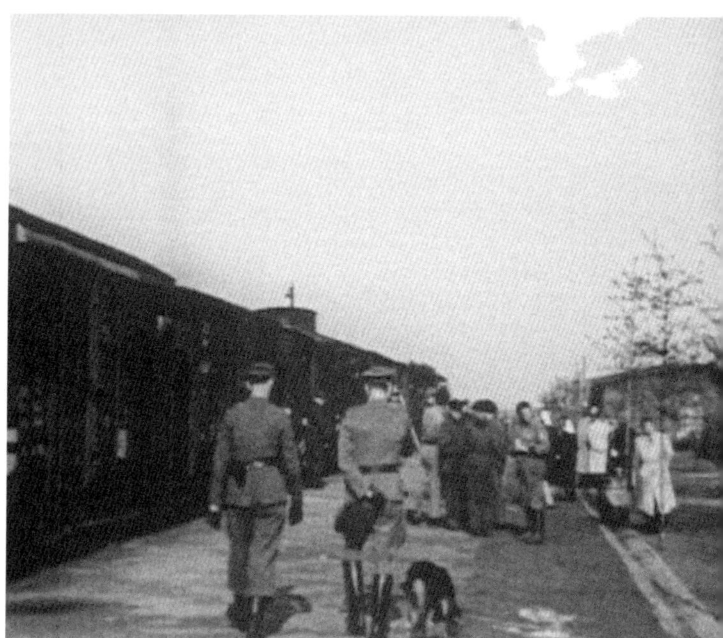

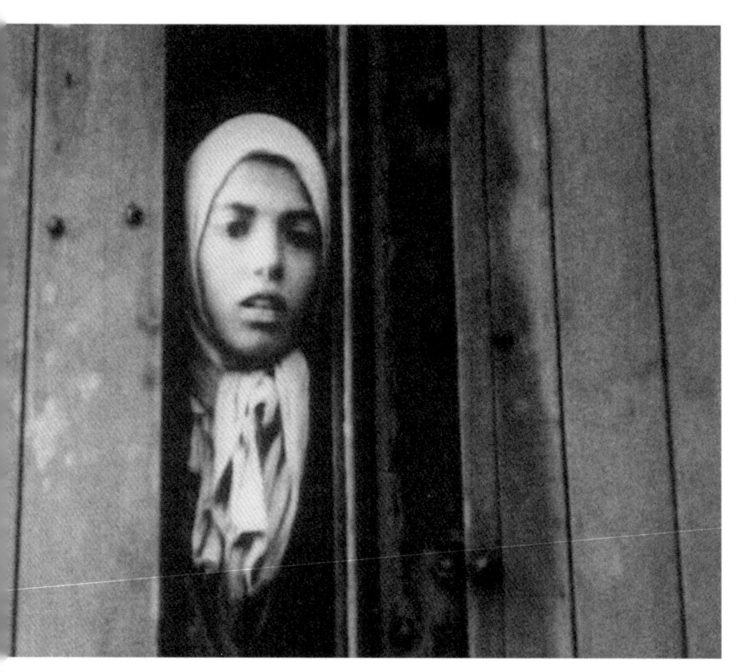
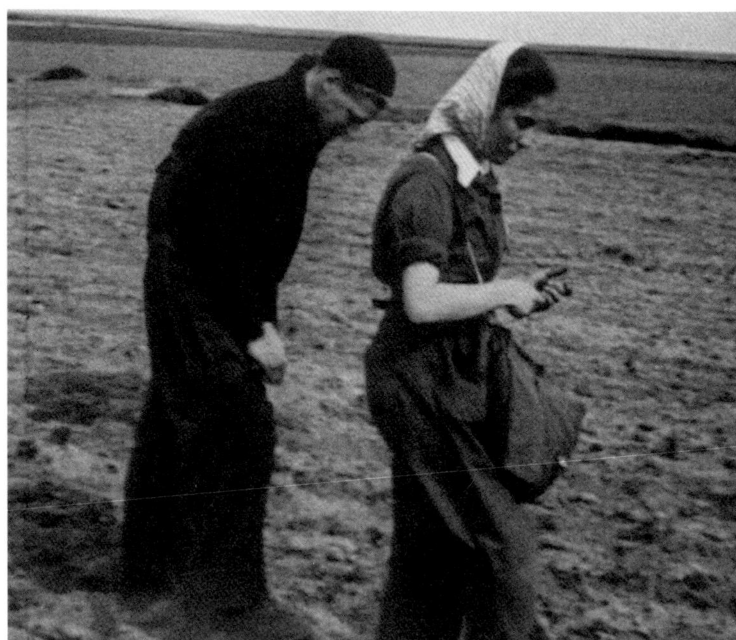
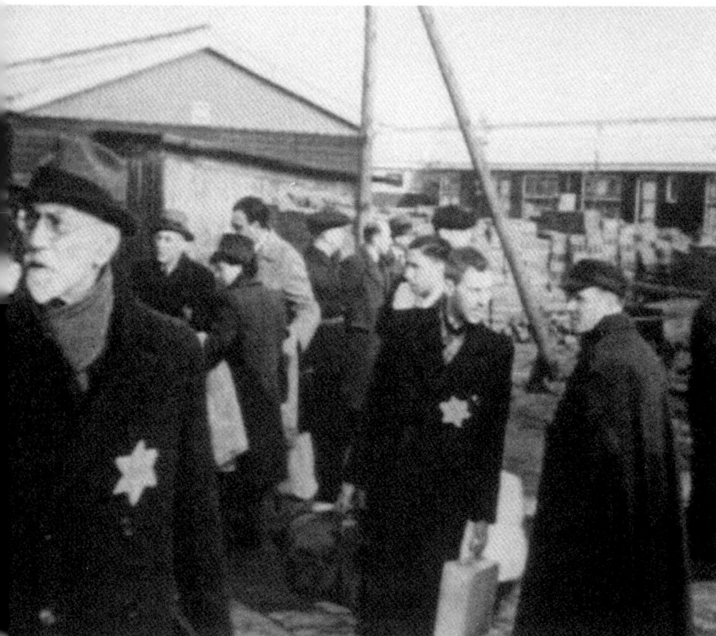
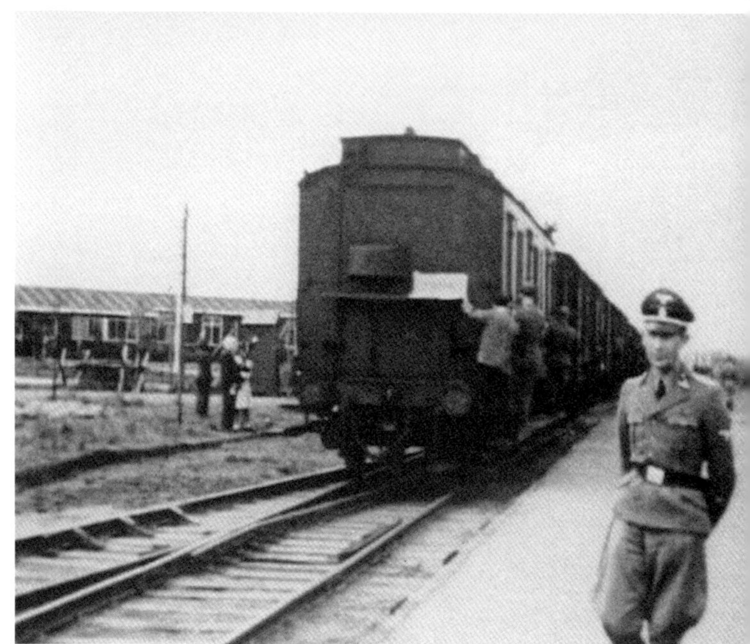

GHAZEL -- *Marée Rouge I*, 2012

Peinture acrylique sur une carte du monde iranienne
Acrylic on Iranian world map
100 x 140 cm / 39.37 x 55.12 in

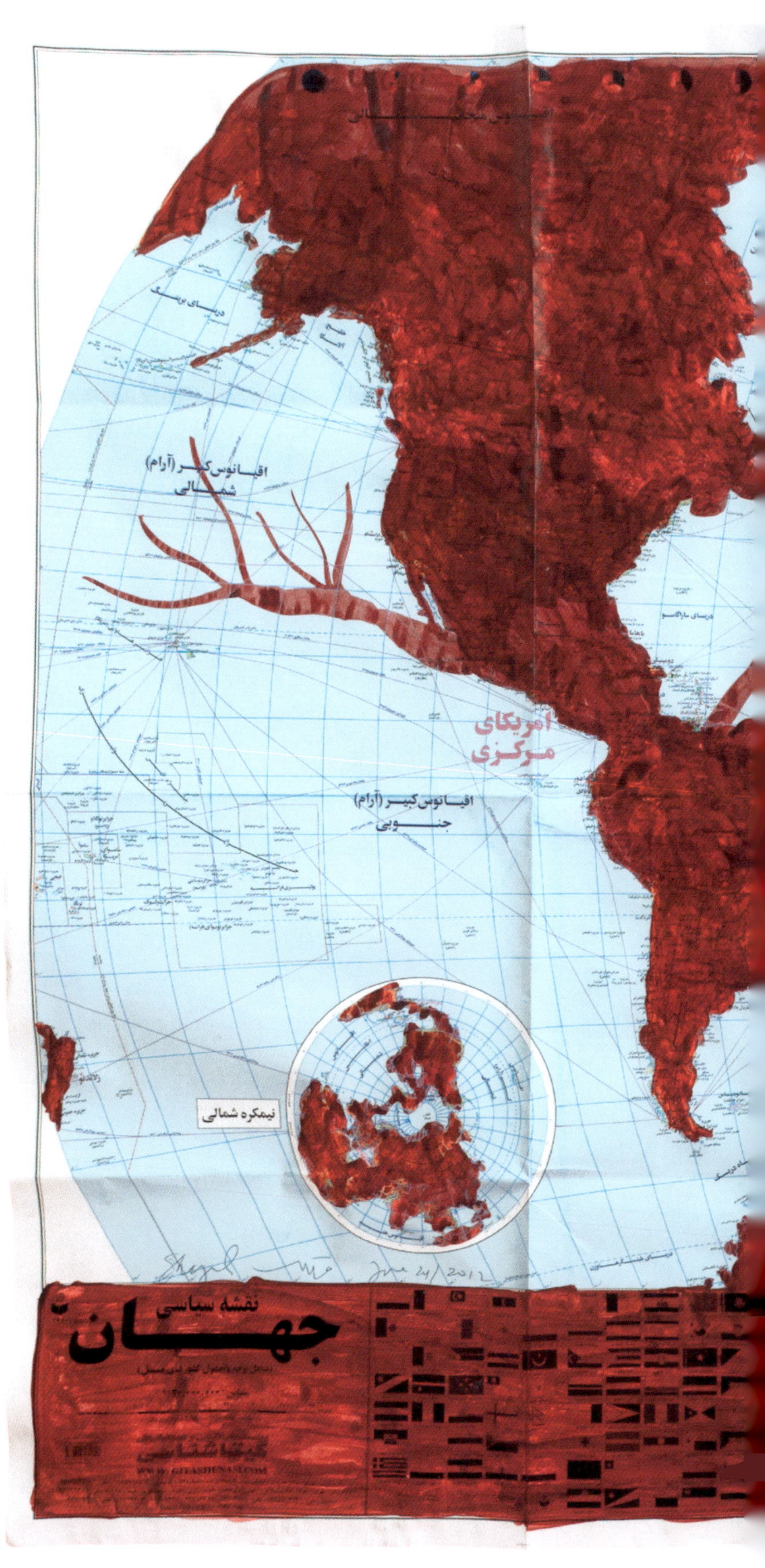

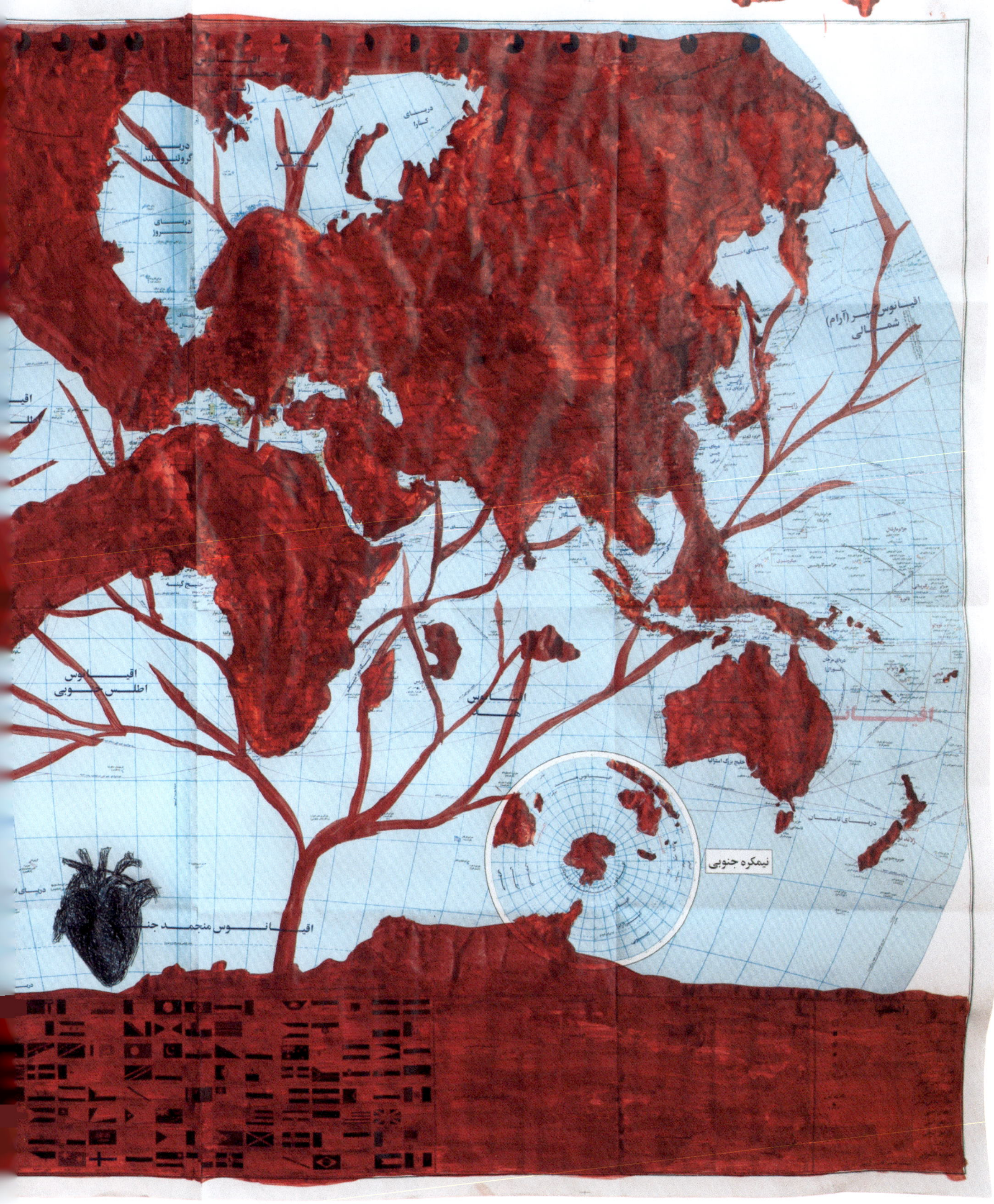

گرینلند
درسای کارا
درسای نروژ
اقیانوس کبیر (آرام) شمالی
اقیانوس اطلس جنوبی
نیمکره جنوبی
اقیانوس منجمد جنوبی
اقیانوس

GILBERT & GEORGE -- *Pensioner*, 2011

Technique mixte / Mixed media
226 x 317 cm / 88.98 x 124.8 in

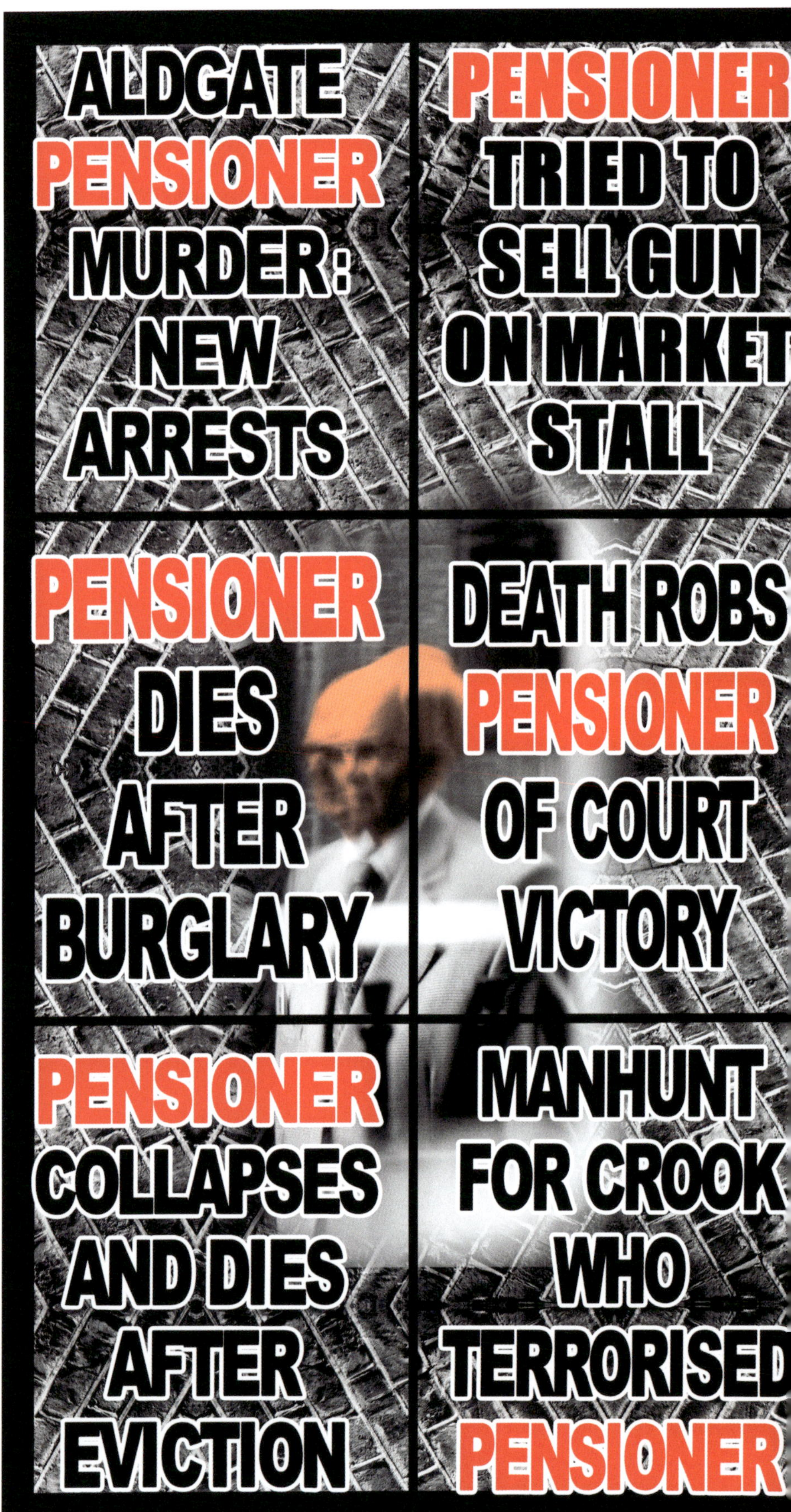

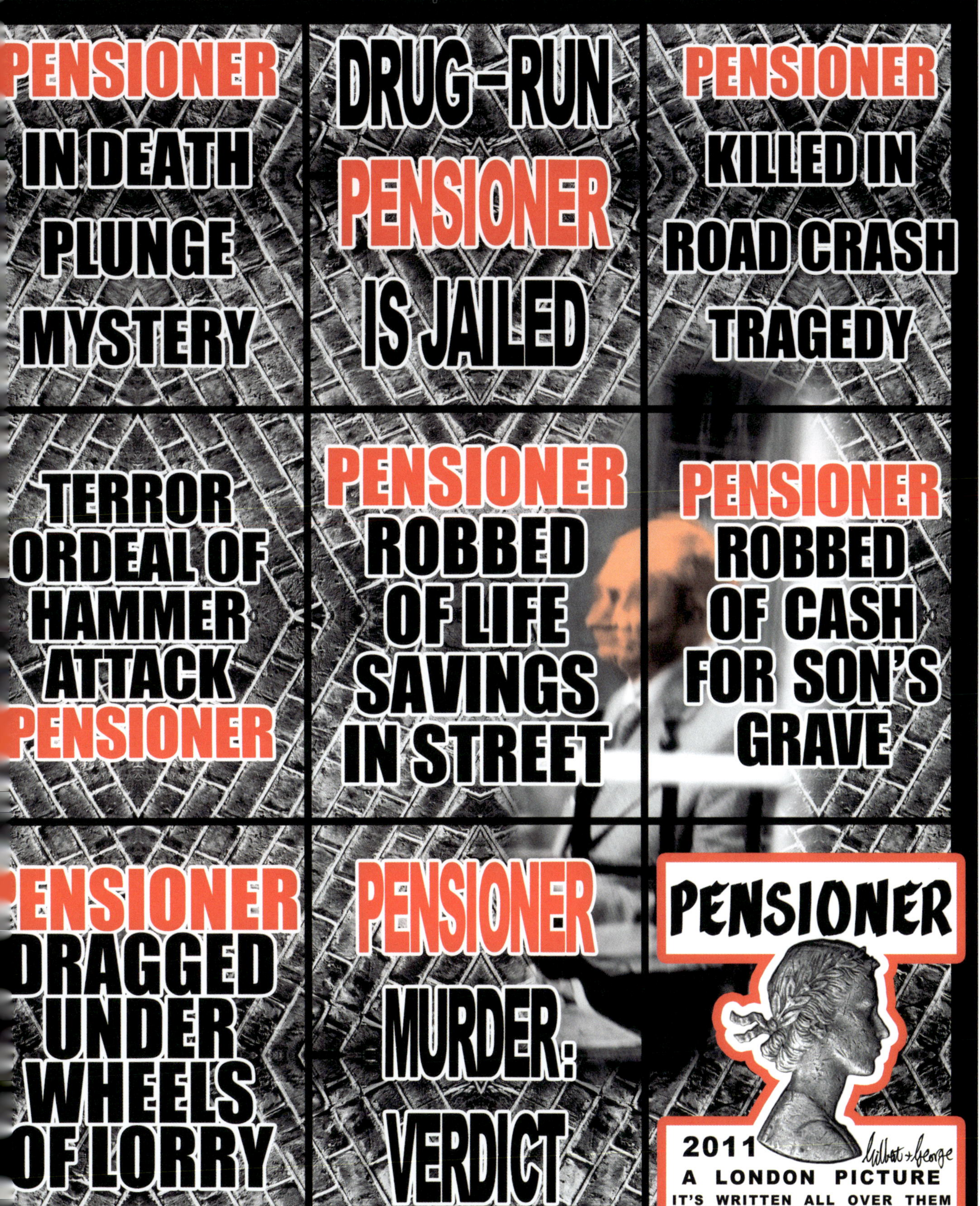
PENSIONER
IN DEATH
PLUNGE
MYSTERY

DRUG-RUN
PENSIONER
IS JAILED

PENSIONER
KILLED IN
ROAD CRASH
TRAGEDY

TERROR
ORDEAL OF
HAMMER
ATTACK
PENSIONER

PENSIONER
ROBBED
OF LIFE
SAVINGS
IN STREET

PENSIONER
ROBBED
OF CASH
FOR SON'S
GRAVE

PENSIONER
DRAGGED
UNDER
WHEELS
OF LORRY

PENSIONER
MURDER :
VERDICT

PENSIONER
2011
A LONDON PICTURE
IT'S WRITTEN ALL OVER THEM

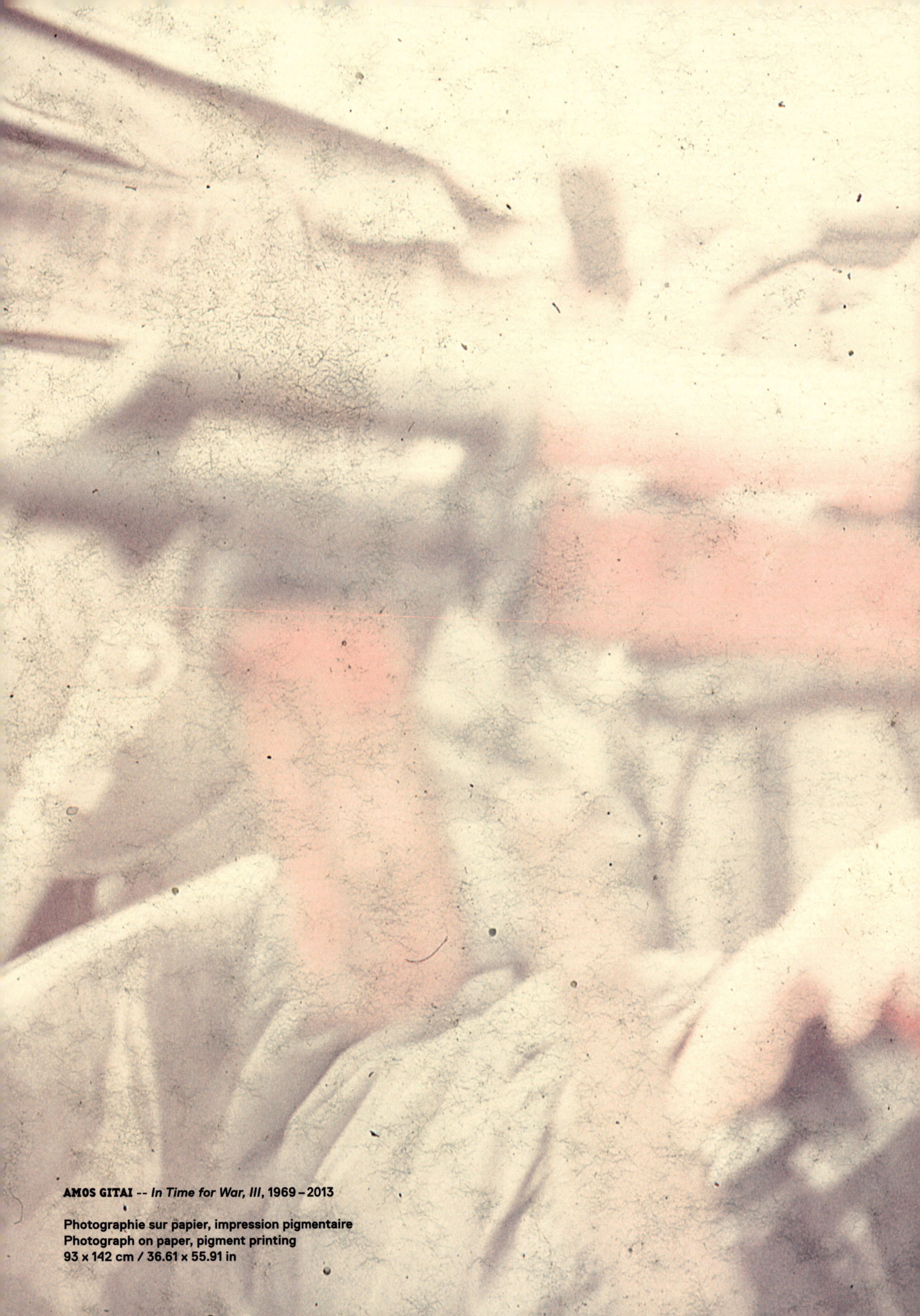

AMOS GITAI -- *In Time for War, III*, 1969 – 2013

Photographie sur papier, impression pigmentaire
Photograph on paper, pigment printing
93 x 142 cm / 36.61 x 55.91 in

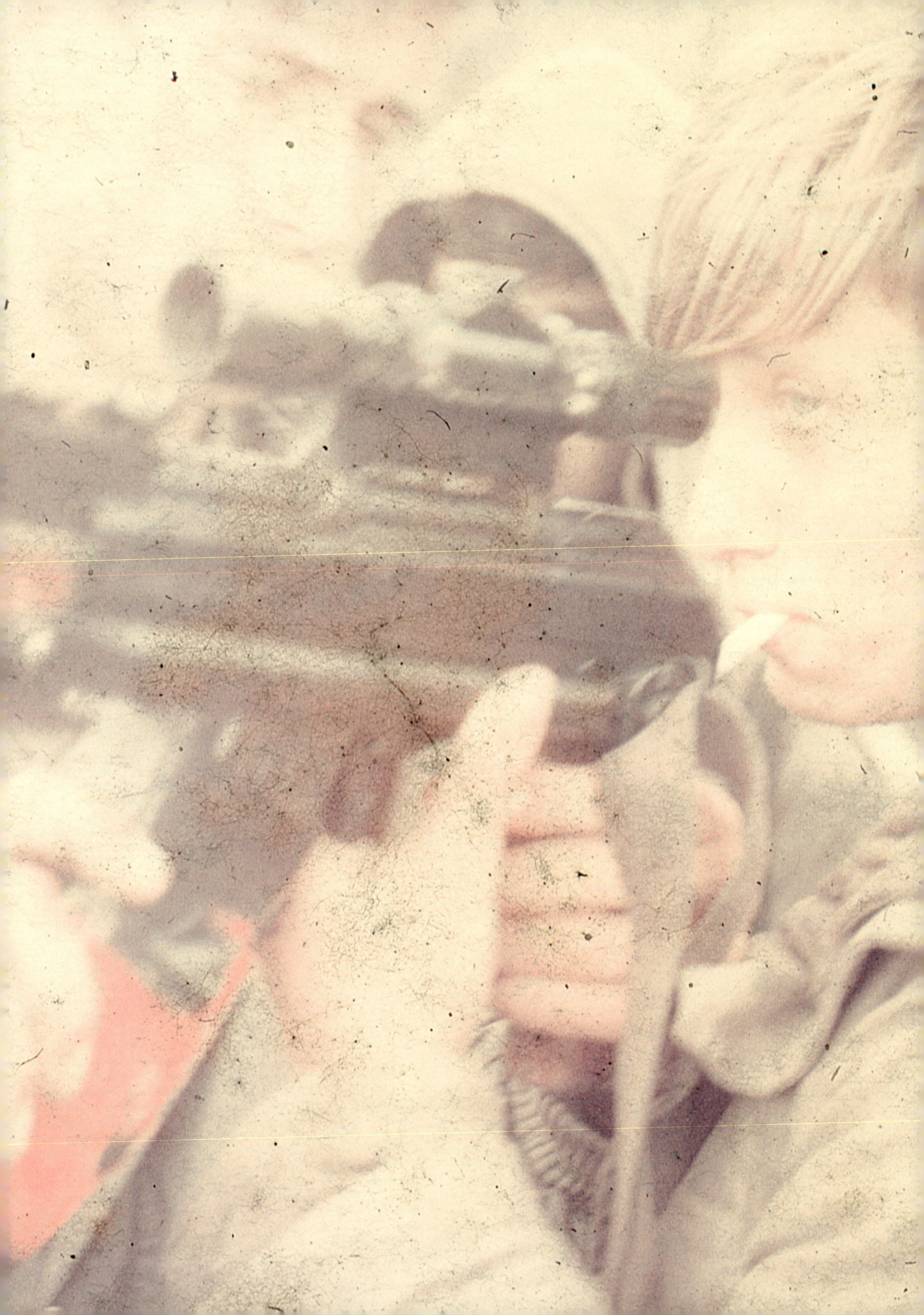

WANG GUANGYI --
Great Criticism – Partagas, 2005

Huile sur toile / Oil on canvas
300 x 400 cm / 118.1 x 157.5 in

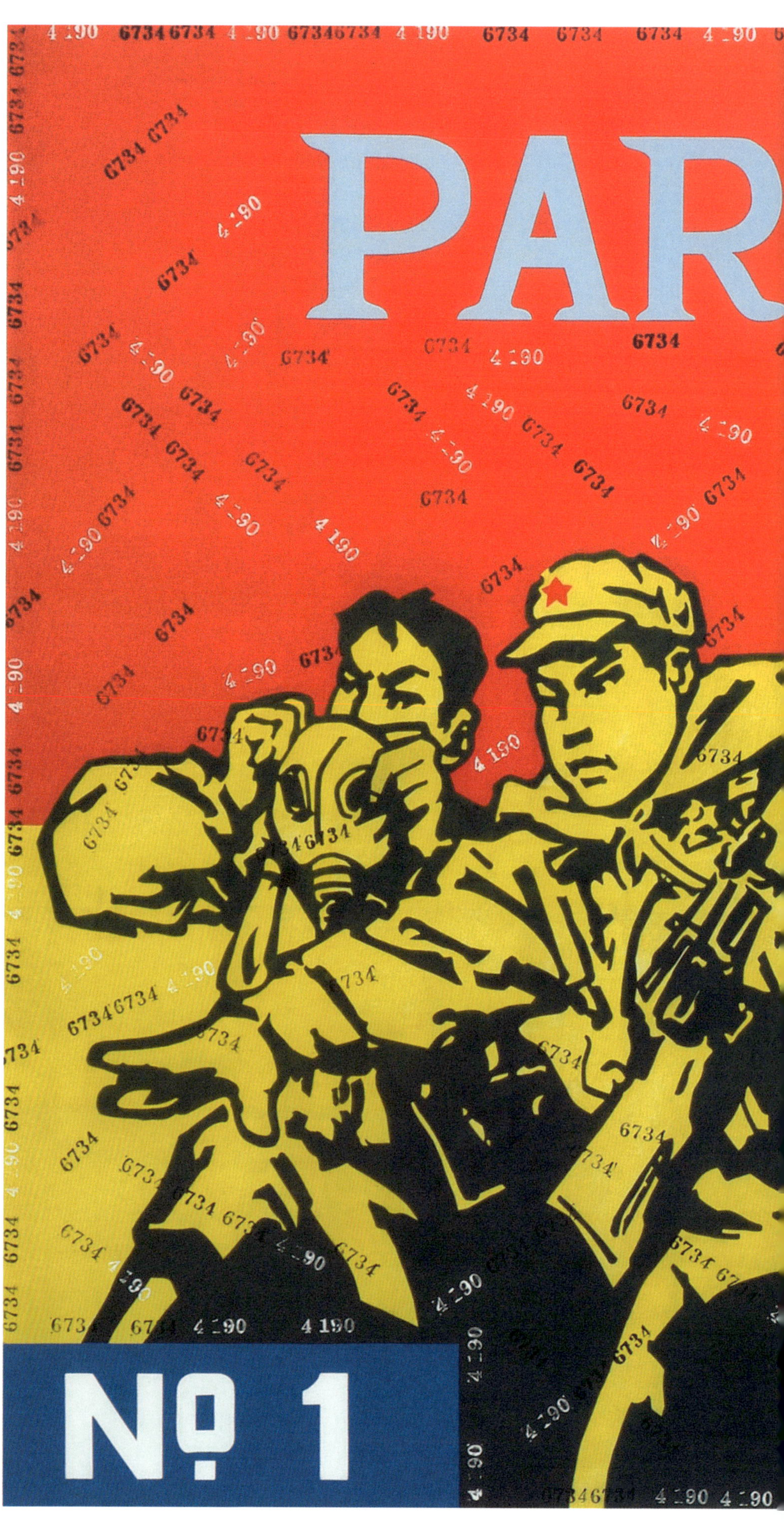

PAR
6734
№ 1

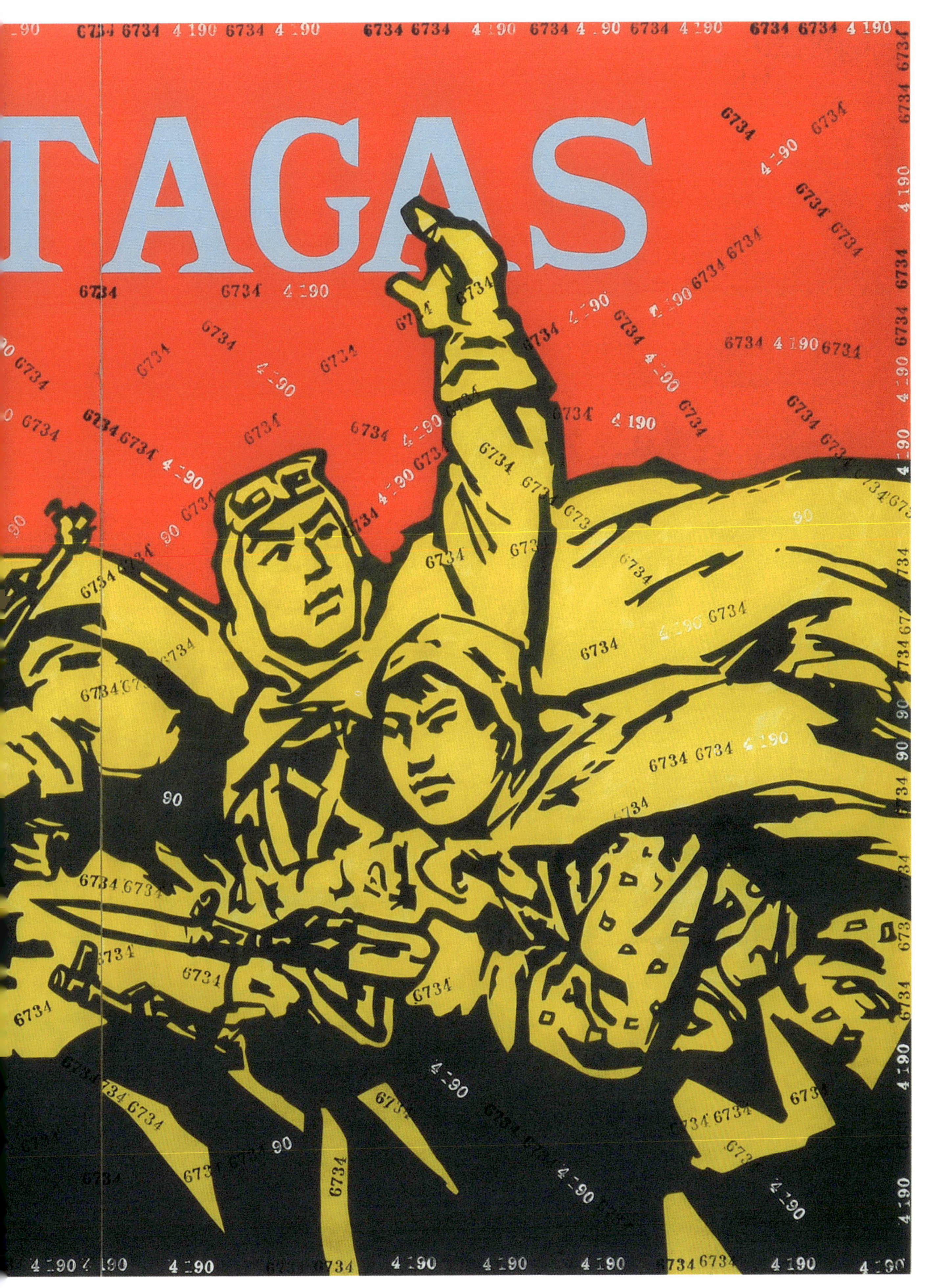
TAGAS
6734
4190

ZHANG HUAN -- *Ash Banquet N°2*, 2011

Cendre sur toile / Ash on Linen
150 x 280 cm / 59.06 x 110.24 in

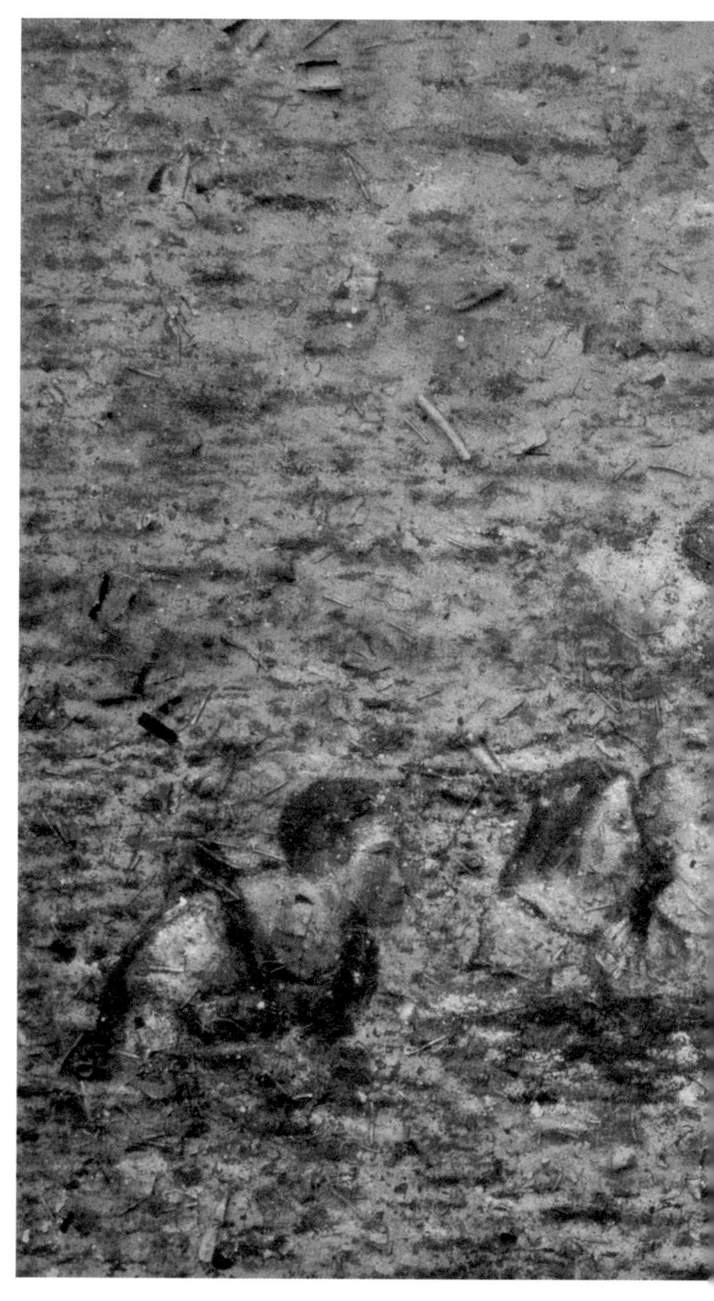

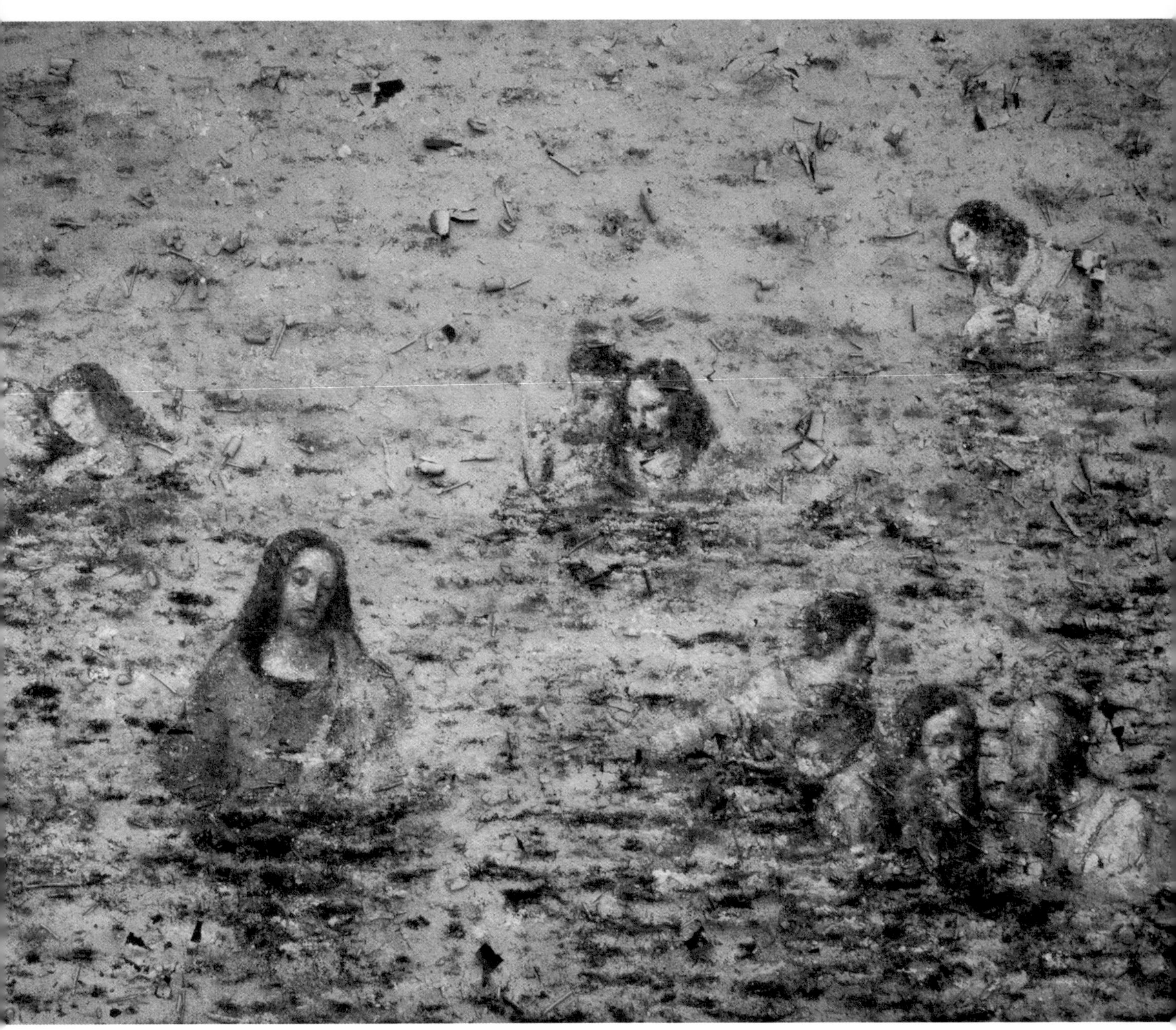

ANSELM KIEFER --
Heroische Sinnbilder, 1970–74/2009

Photographie sur plomb, sur toile
Photography on lead, on canvas
240 x 430 cm / 94.49 x 169.29 in

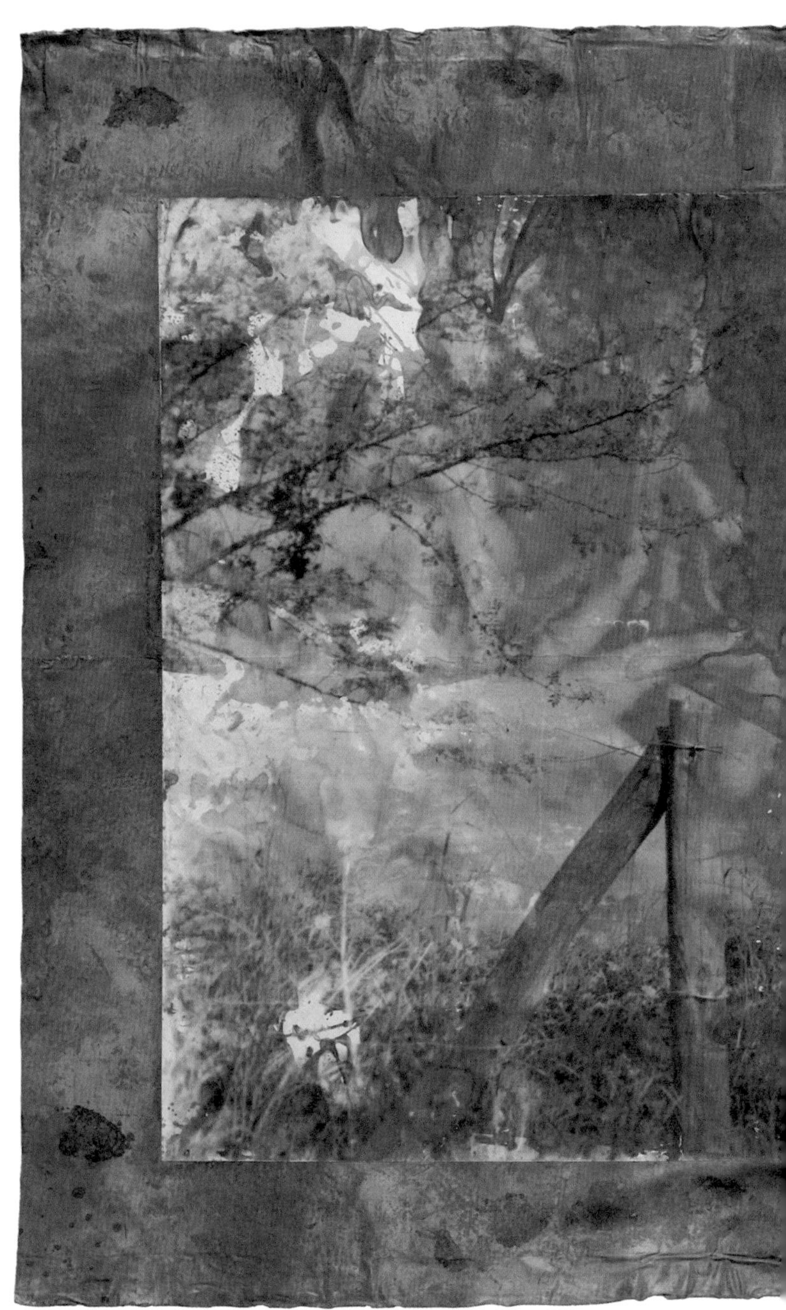

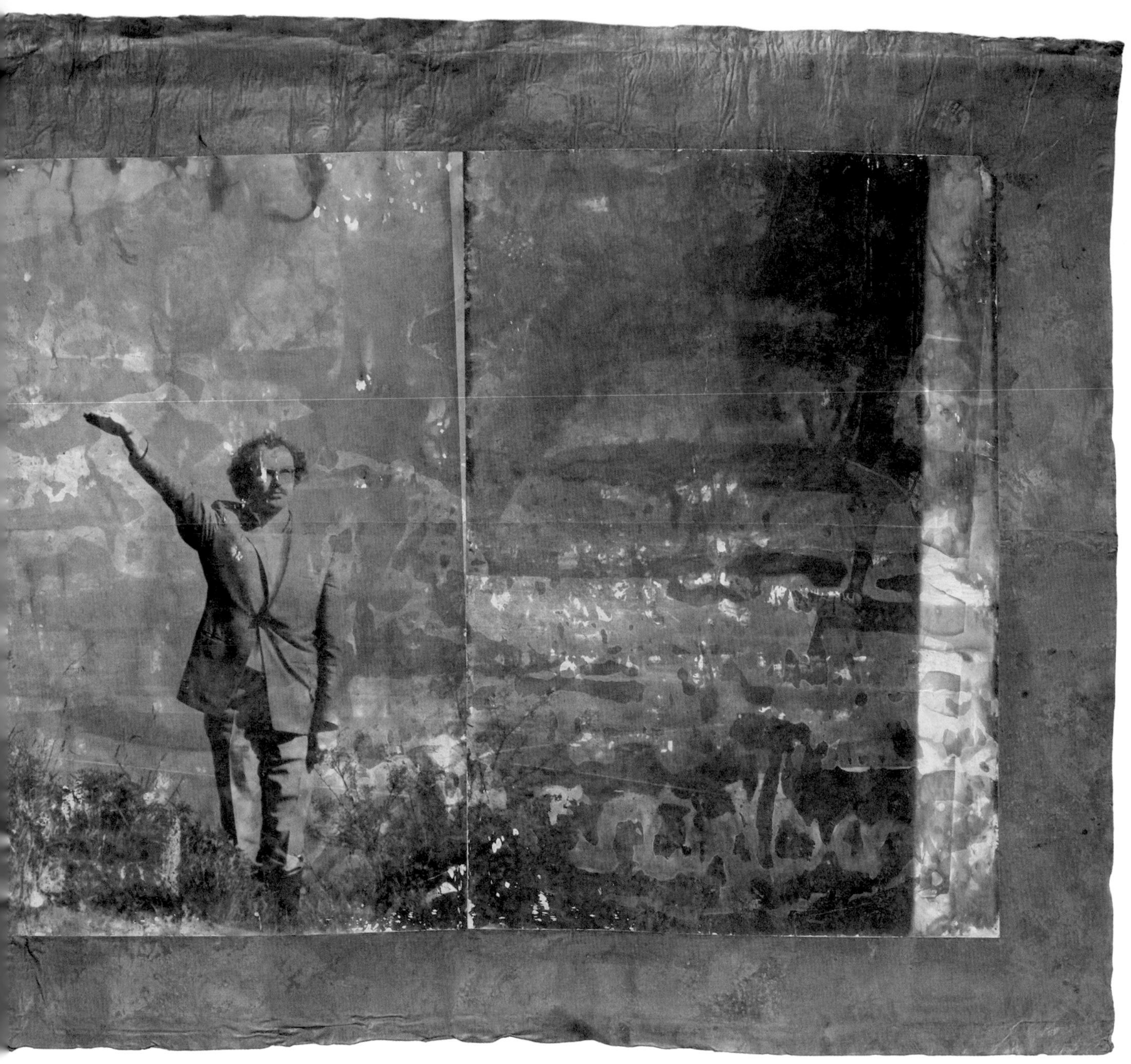

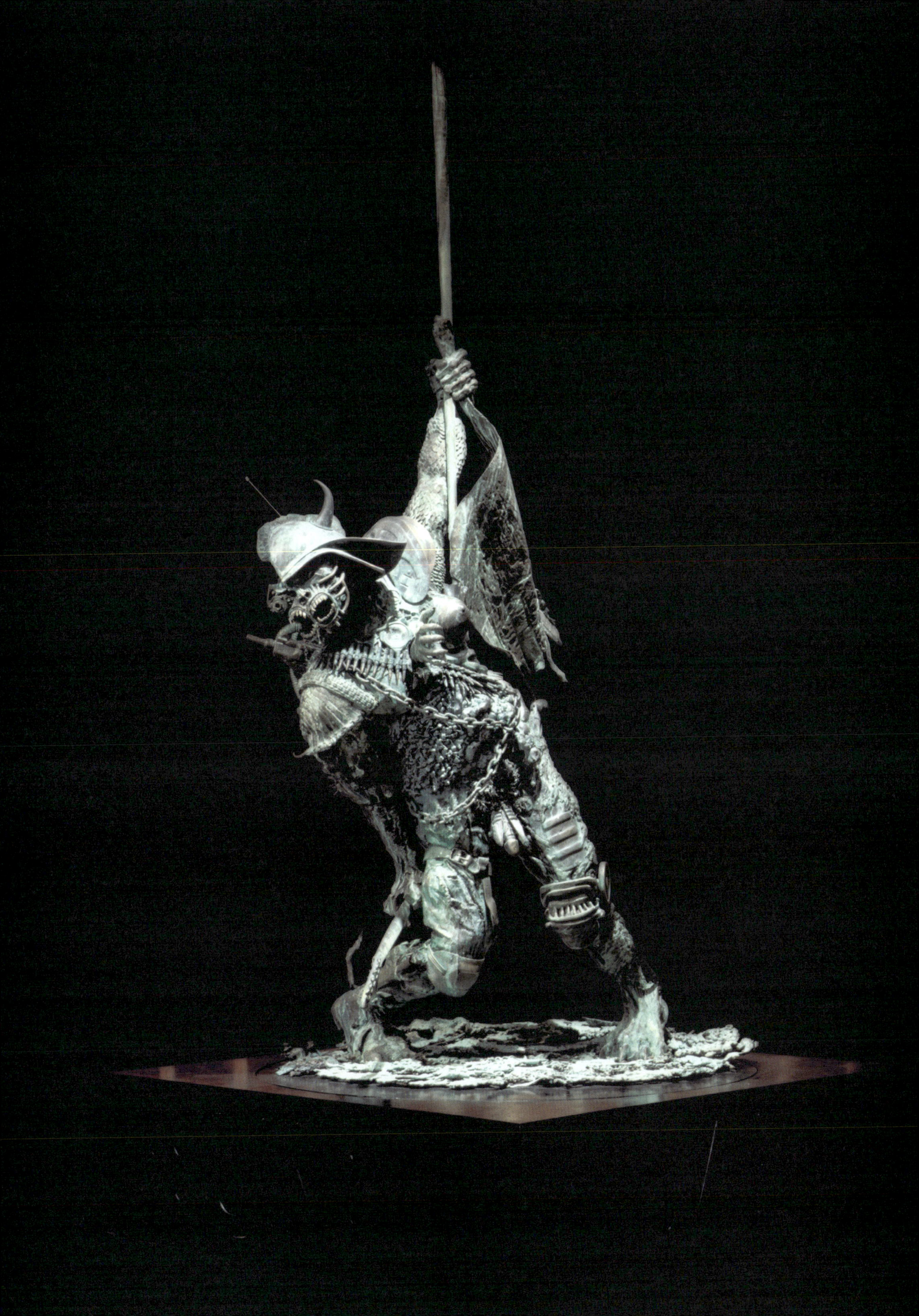

LIZA LOU -- *The Damned*, 2004

Résine, acier et perles de verre / Resin, steel and glass beads
218,44 x 106,68 x 78,74 cm / 86 x 42 x 31 in
226,06 x 68,58 x 99,99 cm / 89 x 27 x 37 in

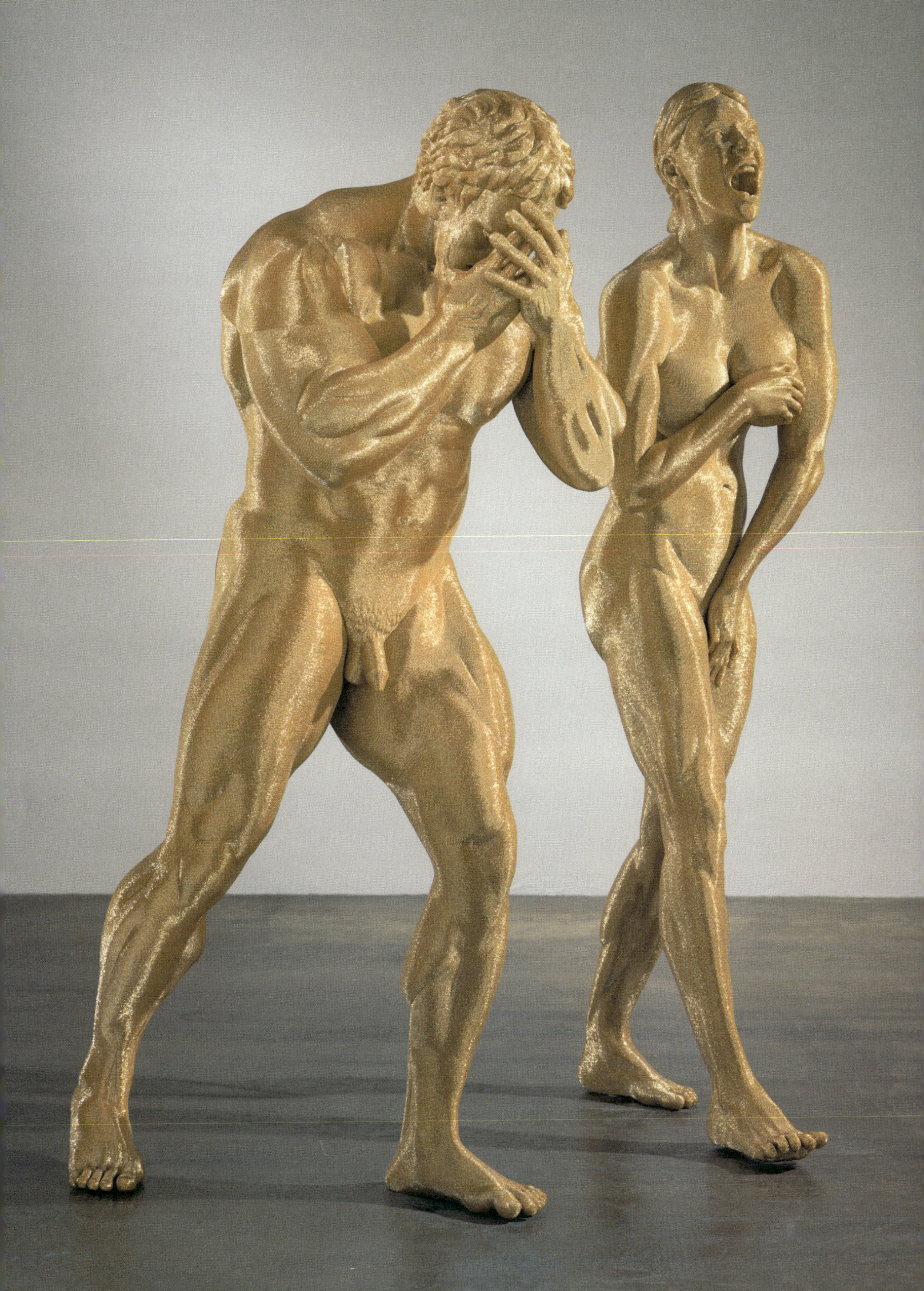

 -- *Fire and Water (Lockerbie '90 and Brazil '11), 2011*

Huile et alkyde sur toile, alkyde sur toile / Oil and alkyd on canvas, alkyd on linen
83,8 x 121,9 cm et 83,8 x 238,8 cm / 33 x 94 and 33 x 48 in

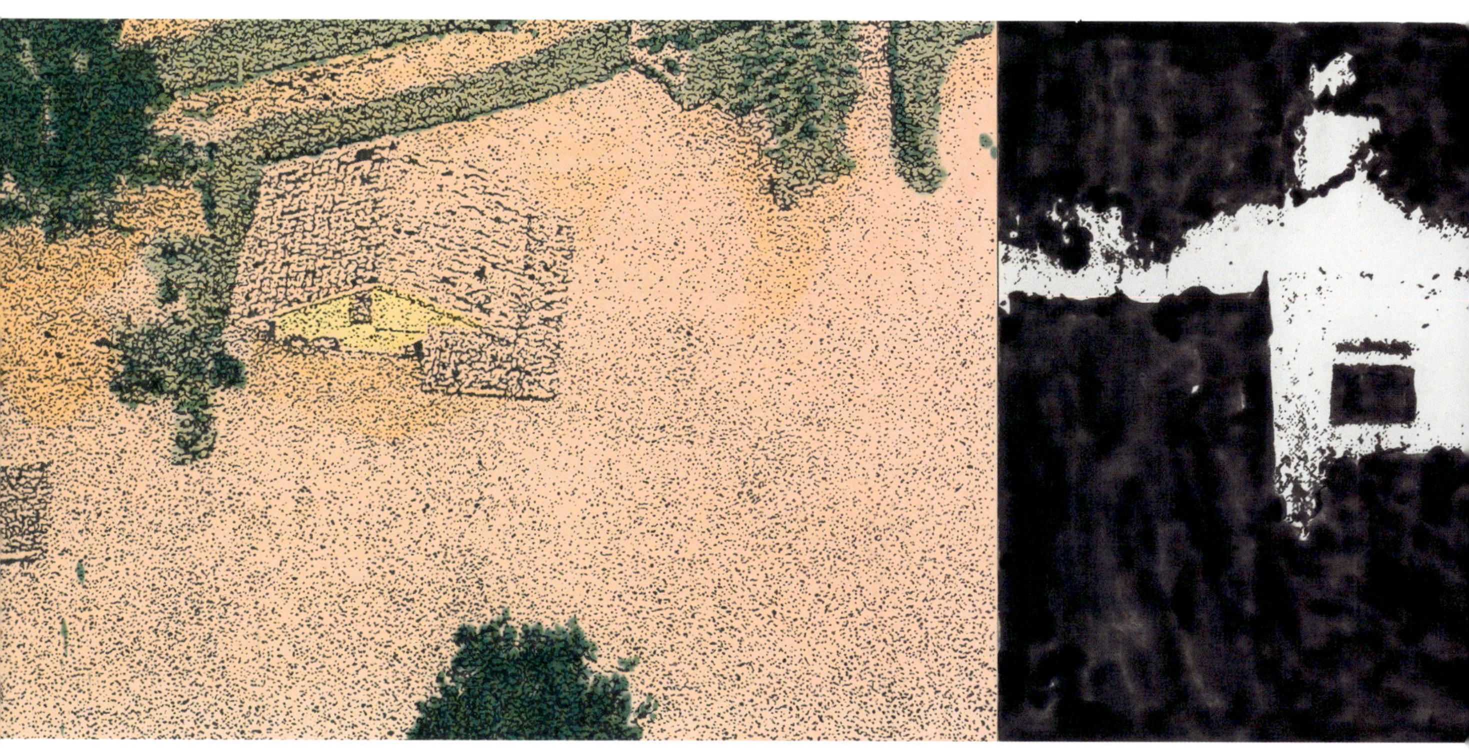

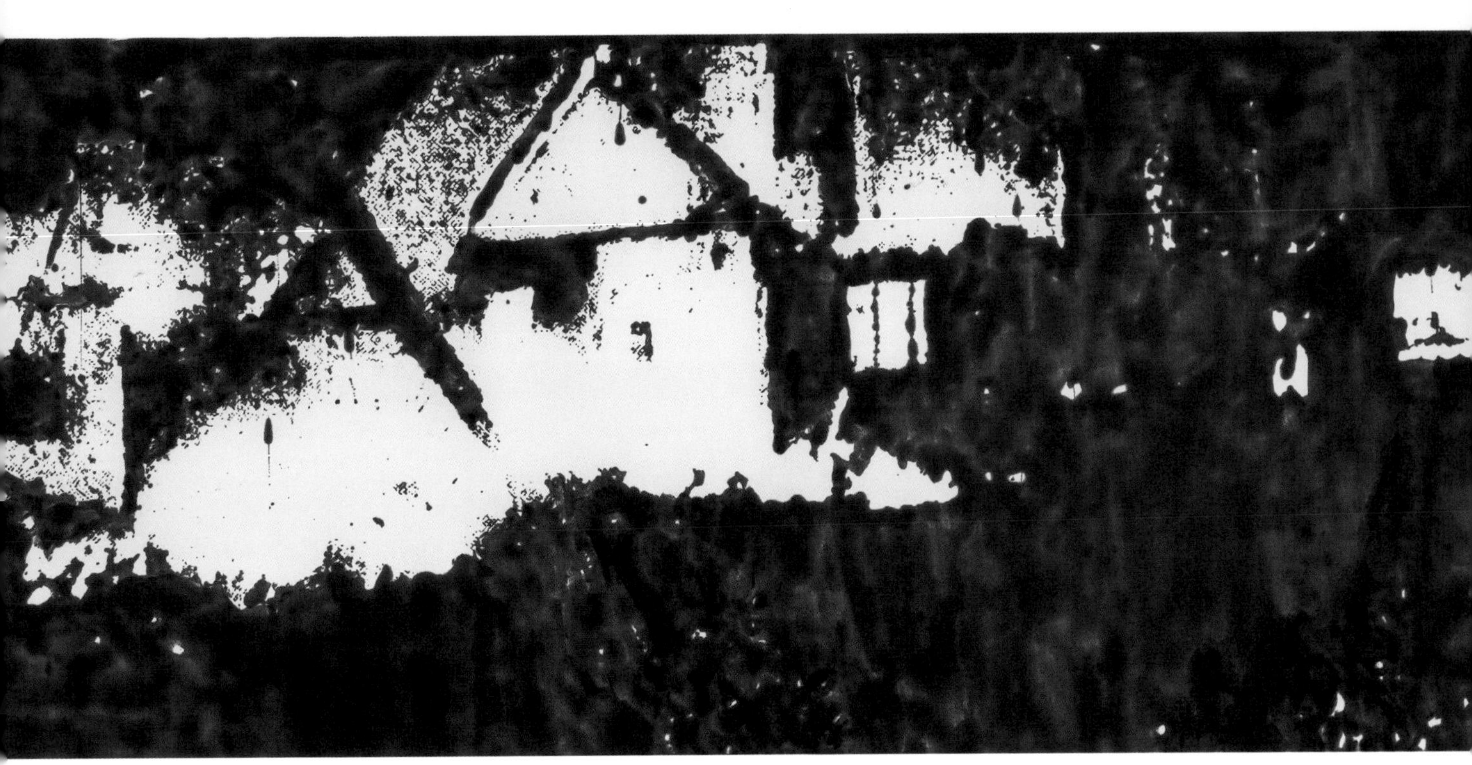

FARHAD MOSHIRI --
Crowd Control Vanity Case, 2010

Broderie sur toile, sur médium, 12 panneaux
Embroidery on canvas, on MDF, 12 panels
300 x 400 x 7 cm / 118.11 x 157.48 x 2.76 in

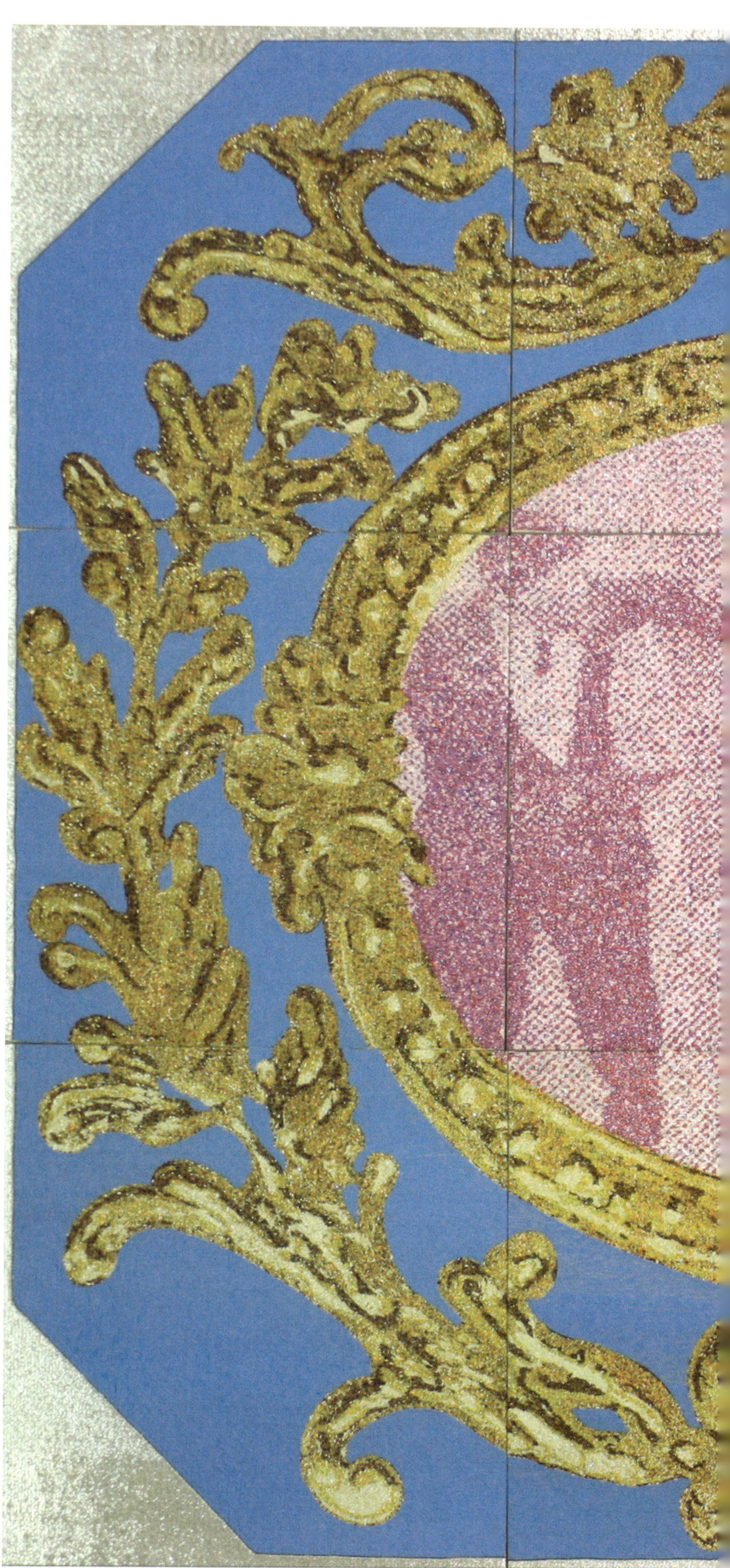

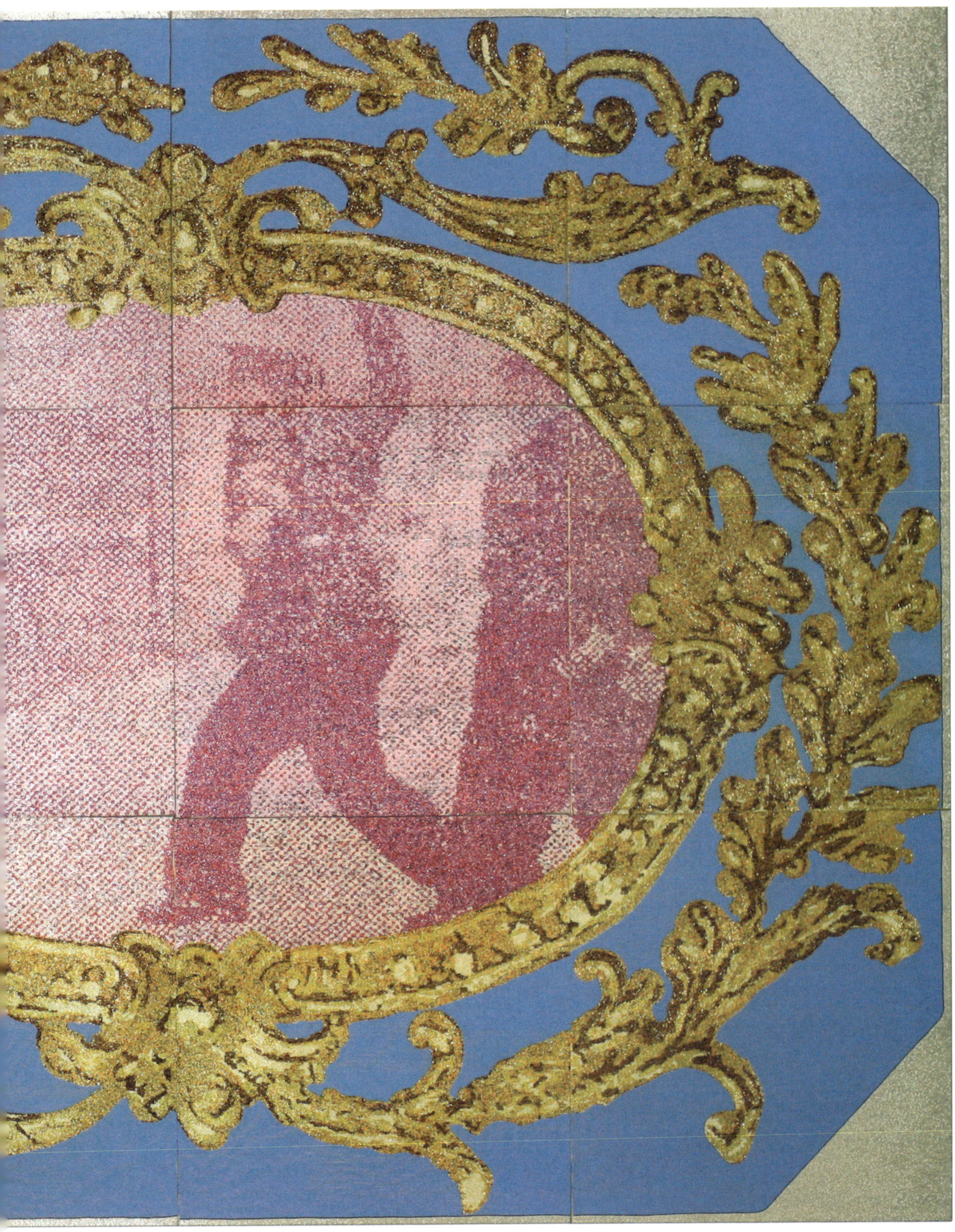

JACK PIERSON -- *Icarus*, 2000

Lettres de tailles et de matériaux variables, néon
Variable letters of size and material, neon
Dimensions variables / Variable dimensions

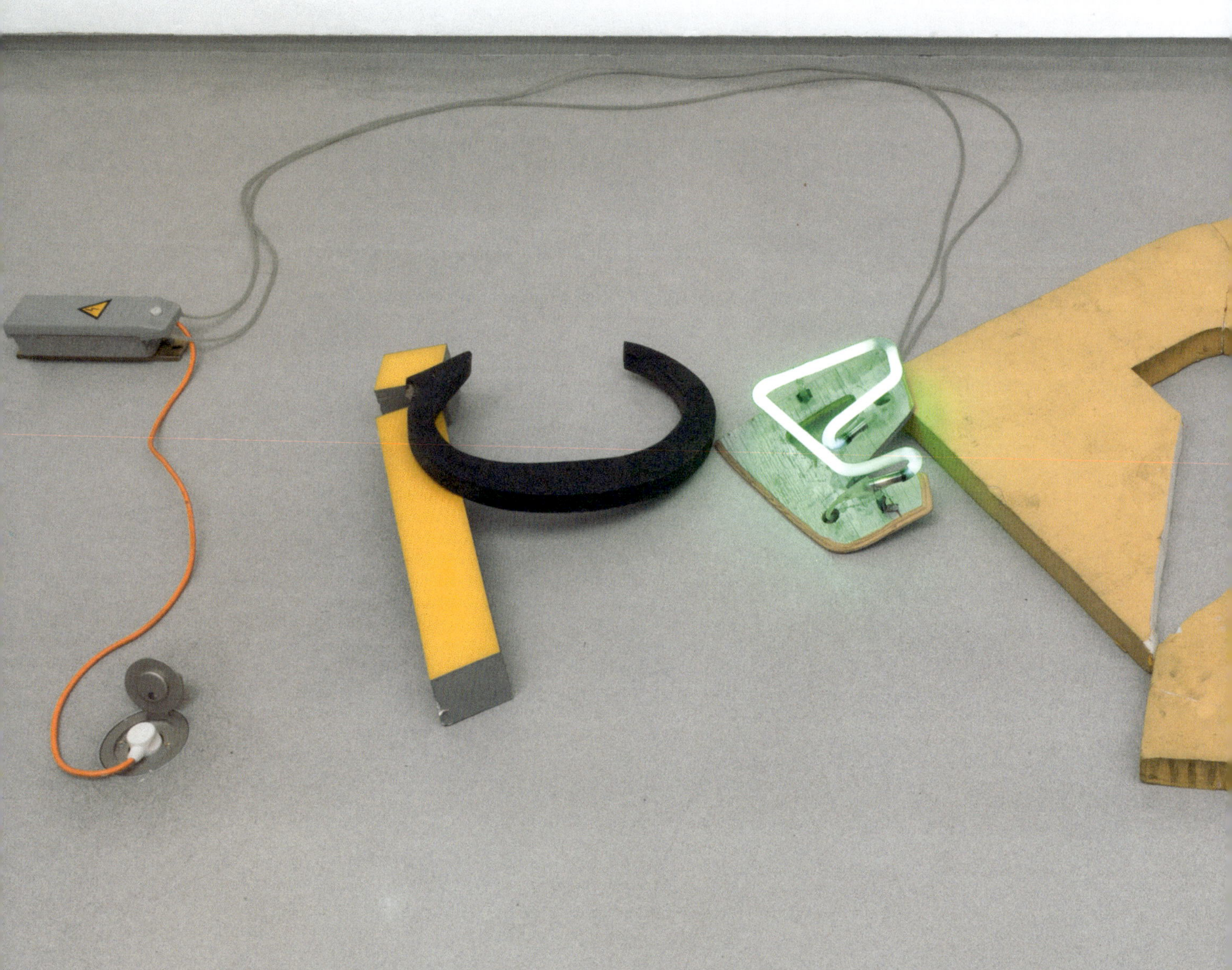

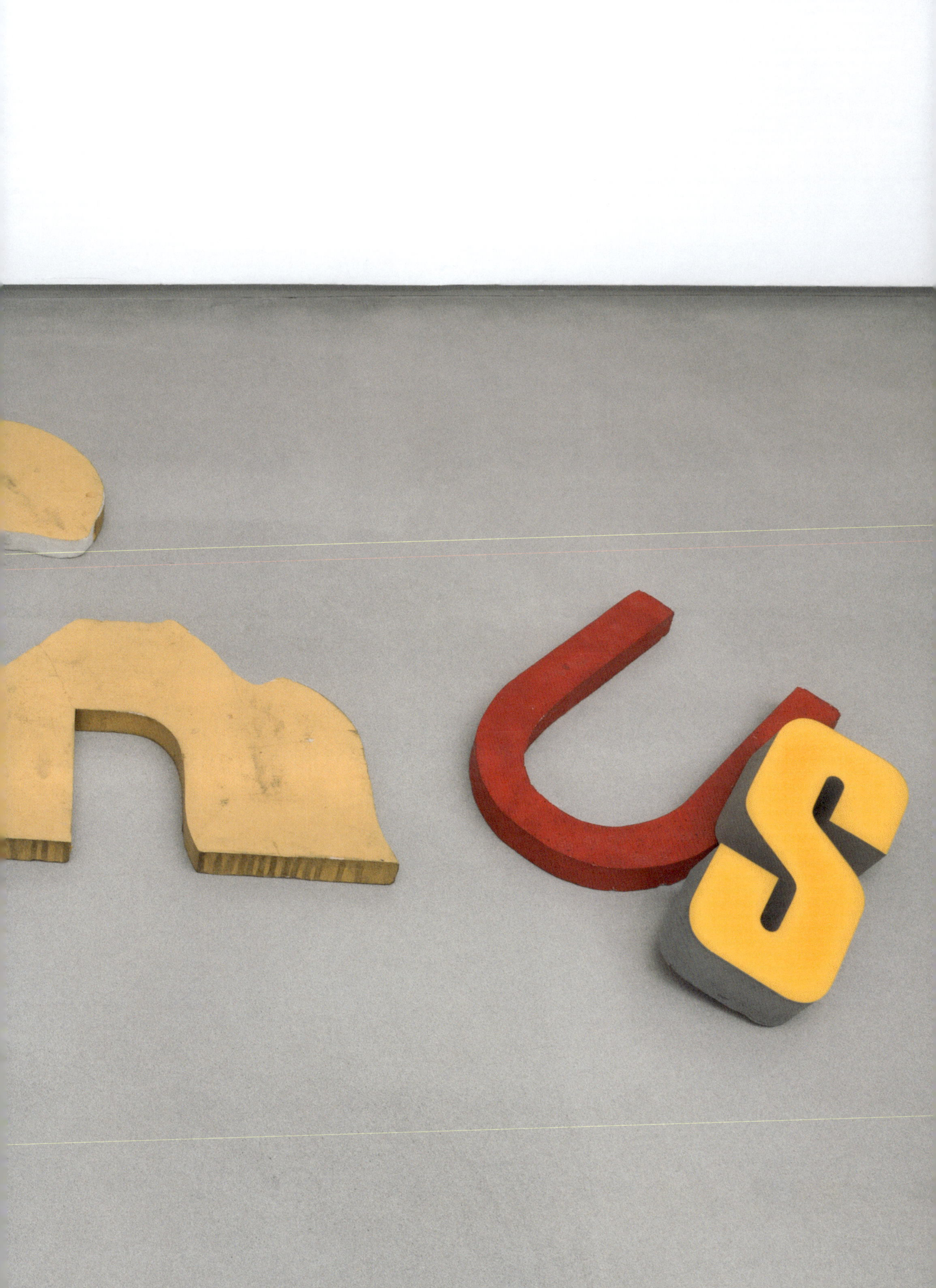

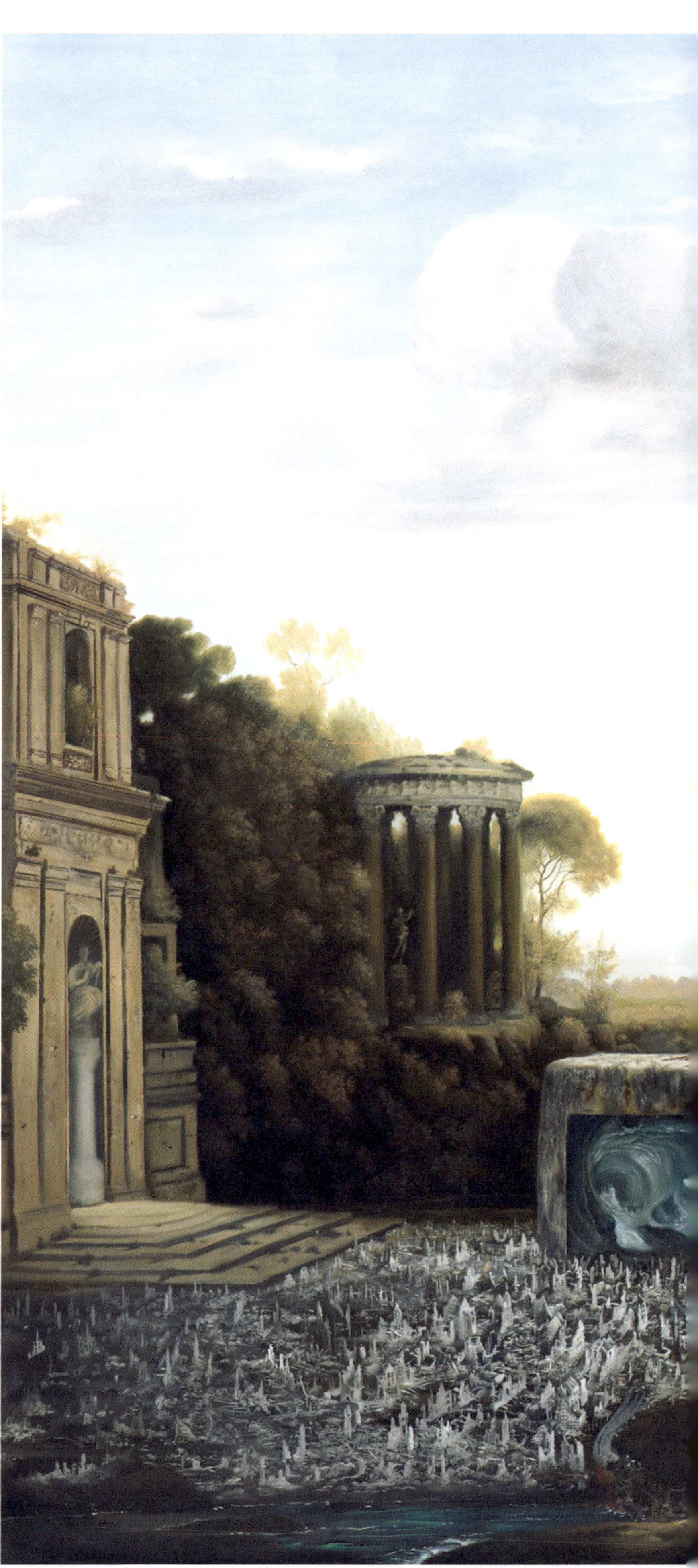

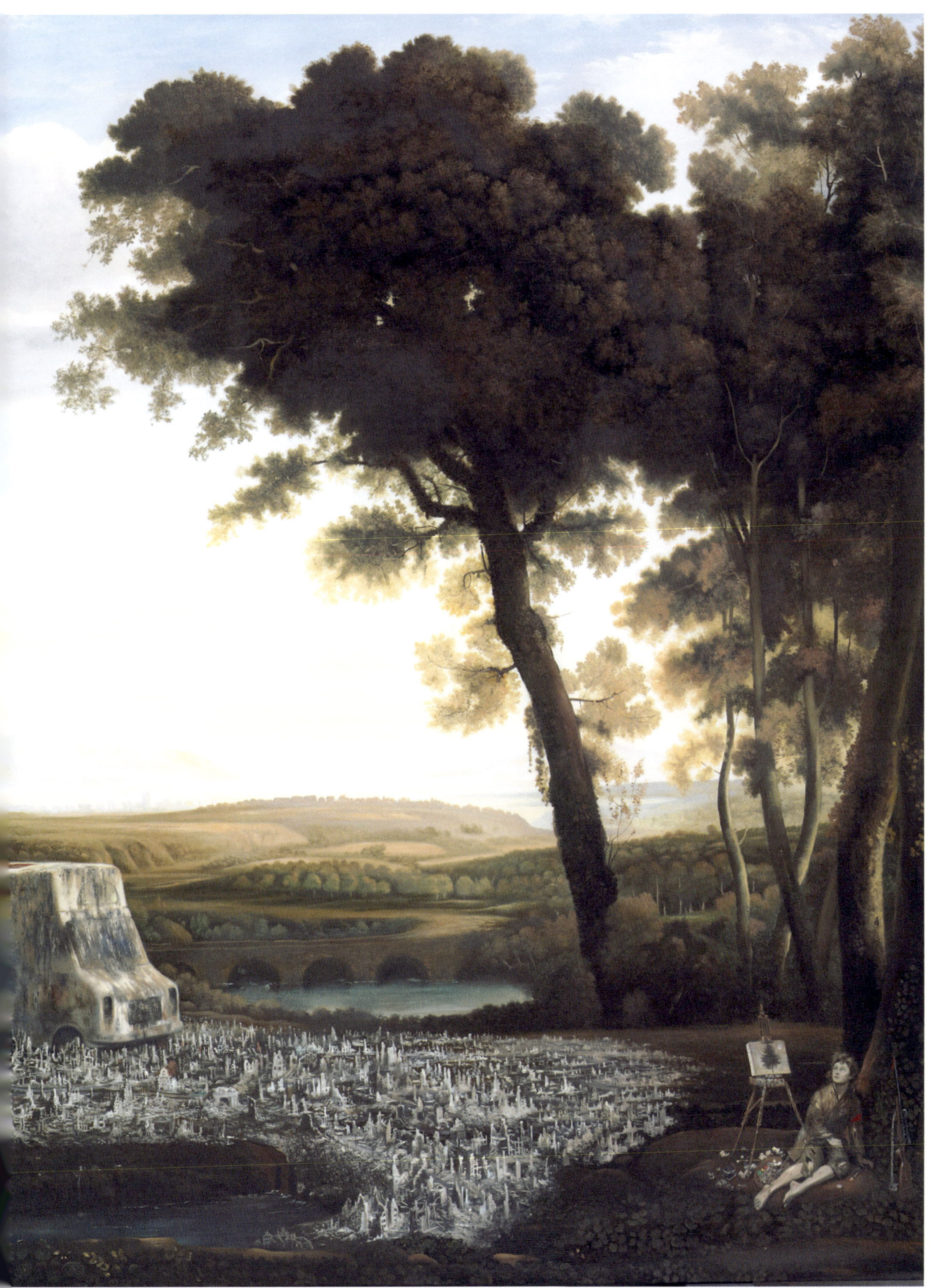

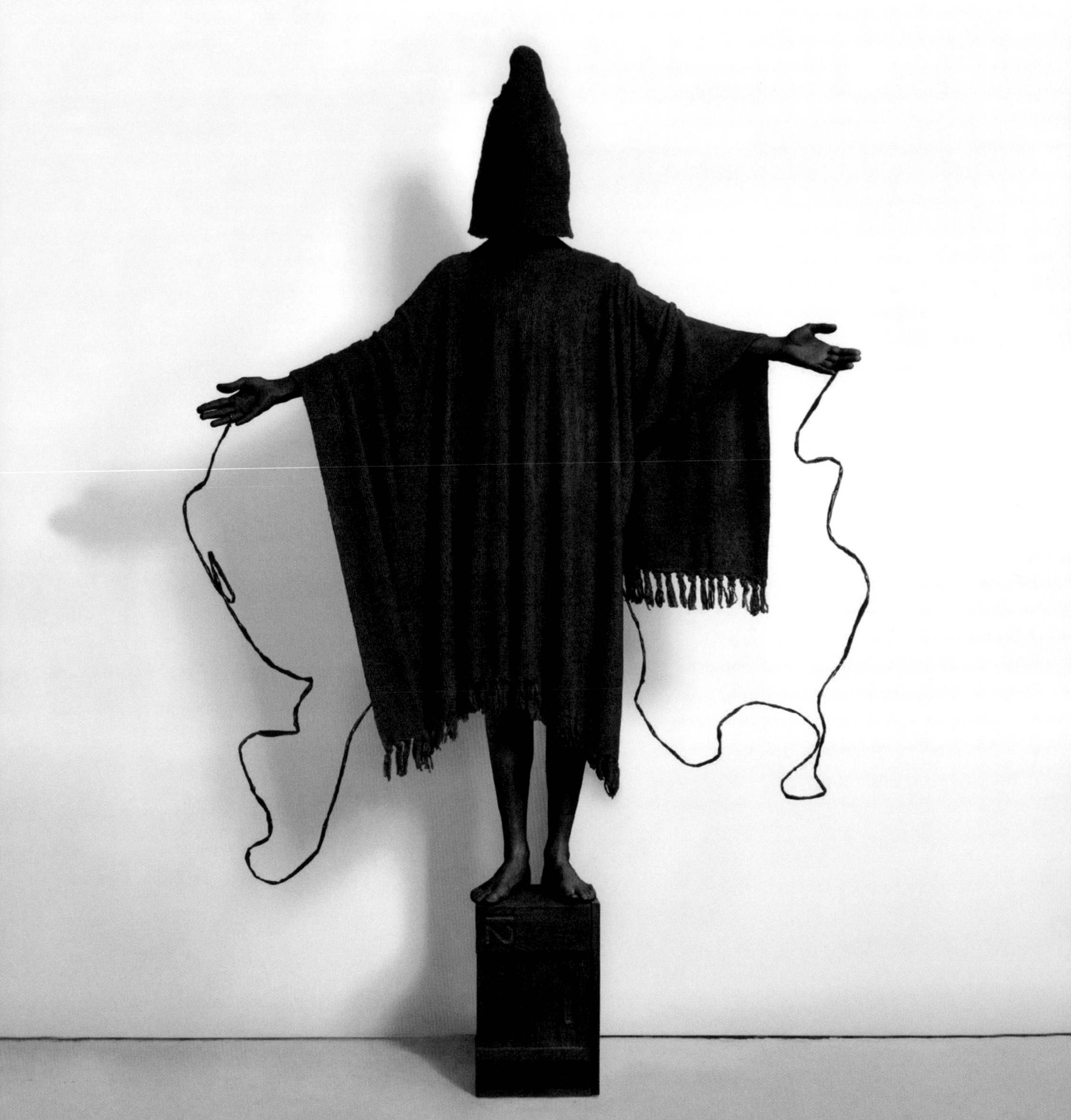

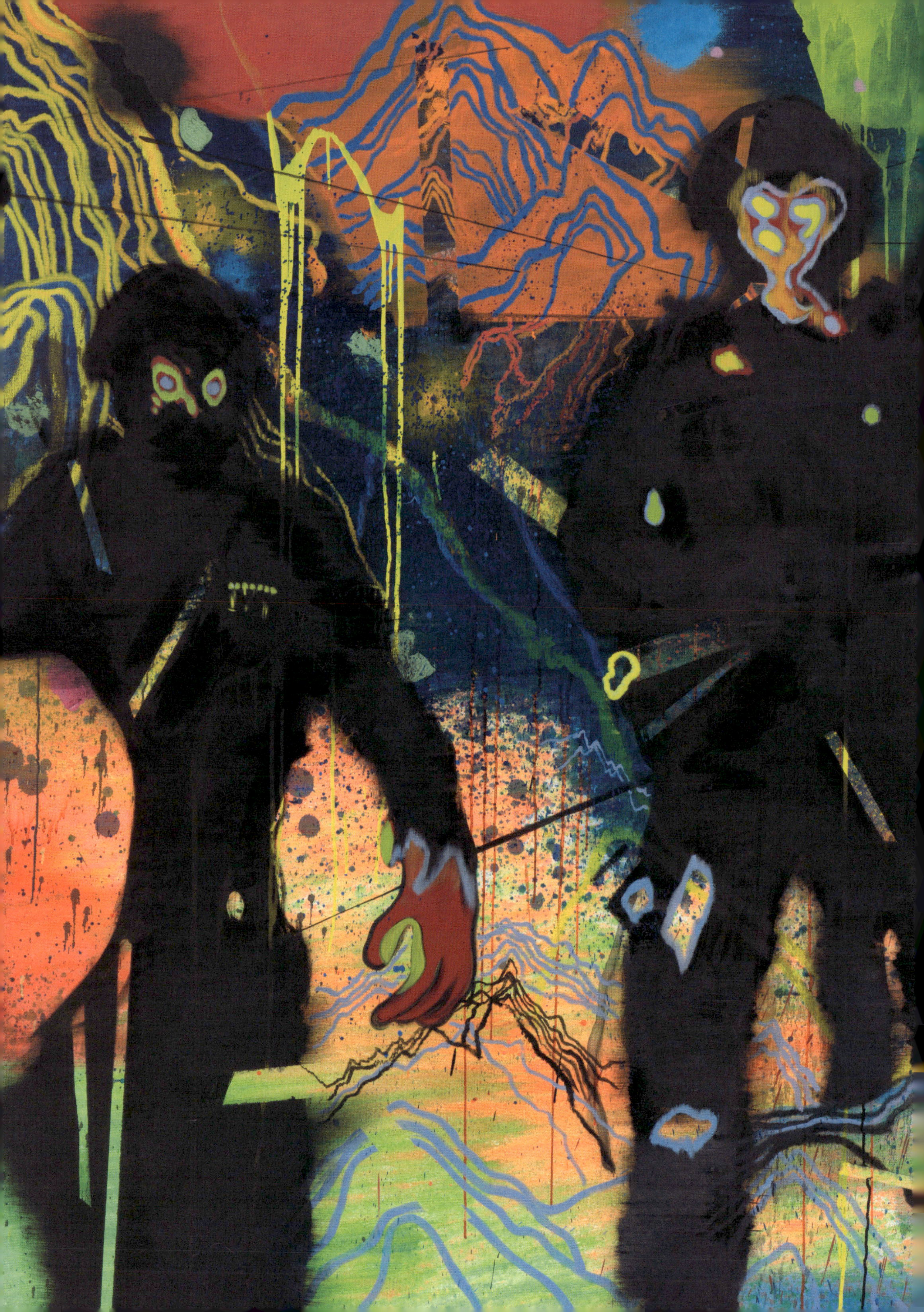

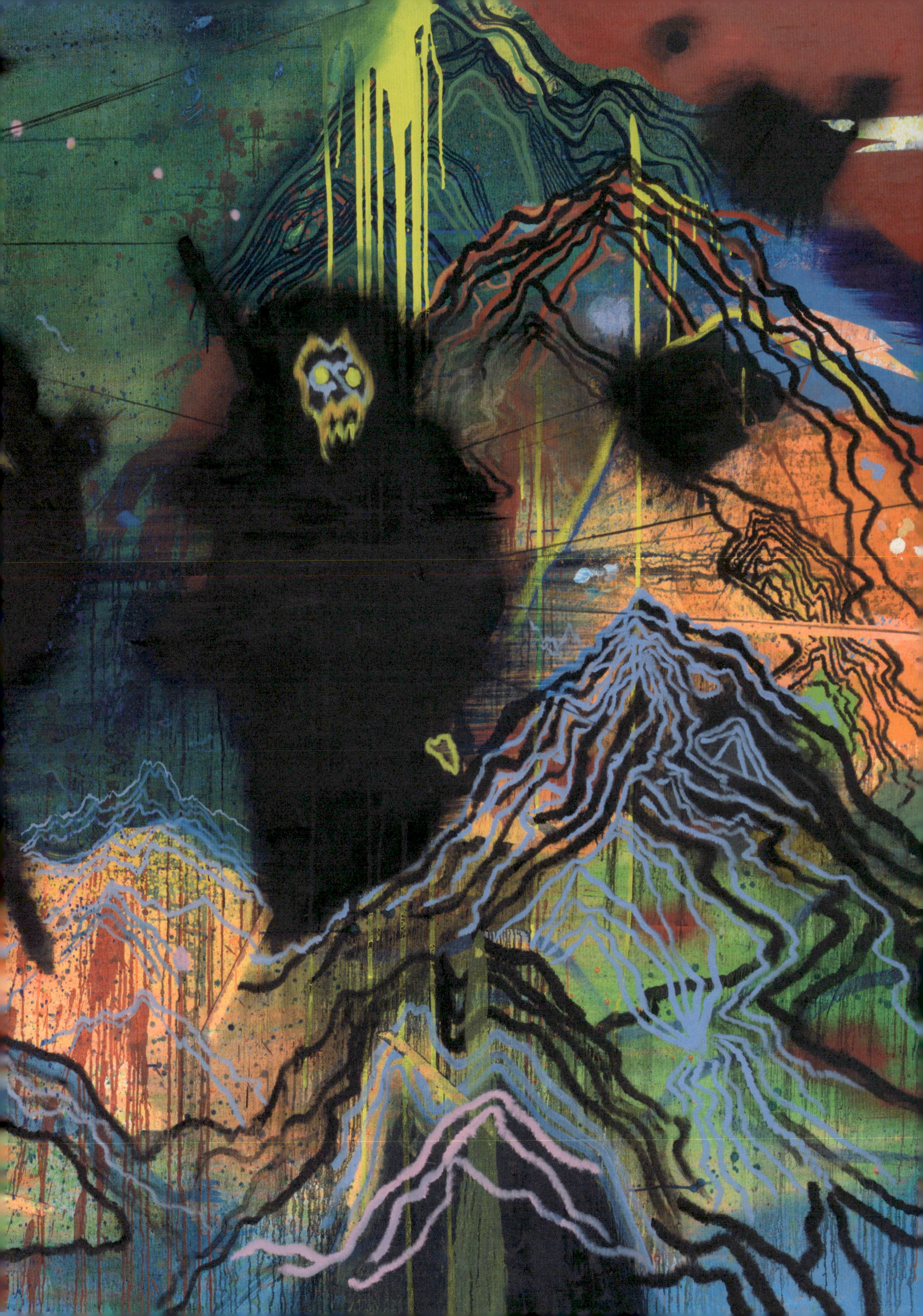

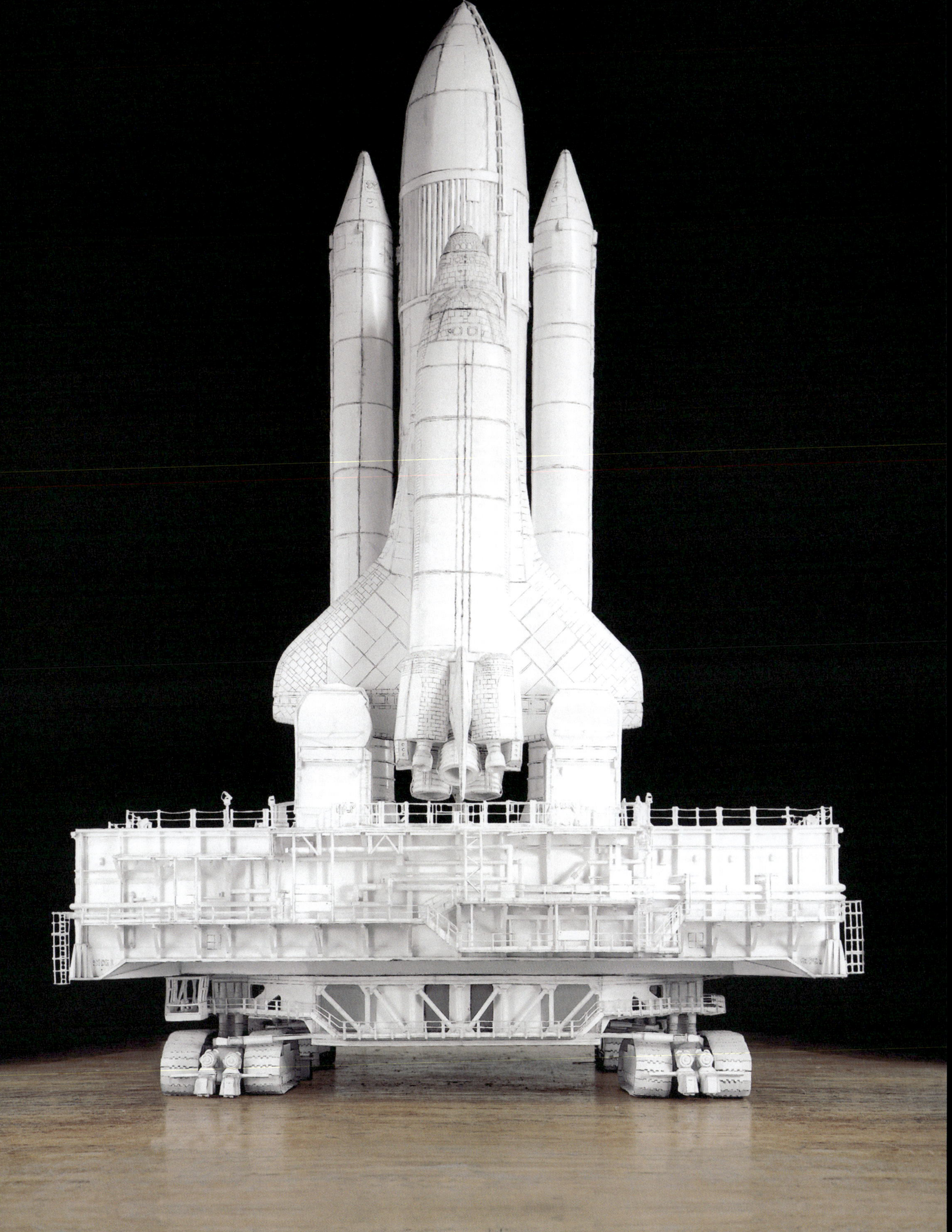

MICHAEL SAILSTORFER -- *Bulb*, 2012

Film 16 mm magnétique, en boucle
16 mm film with magnetic sound, loop

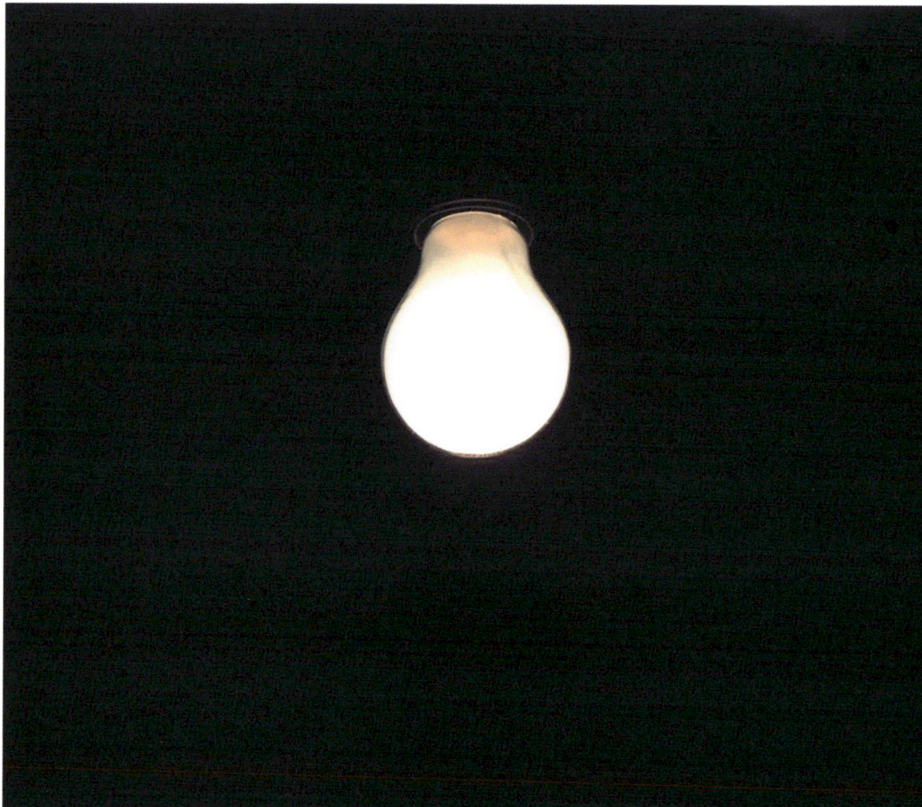

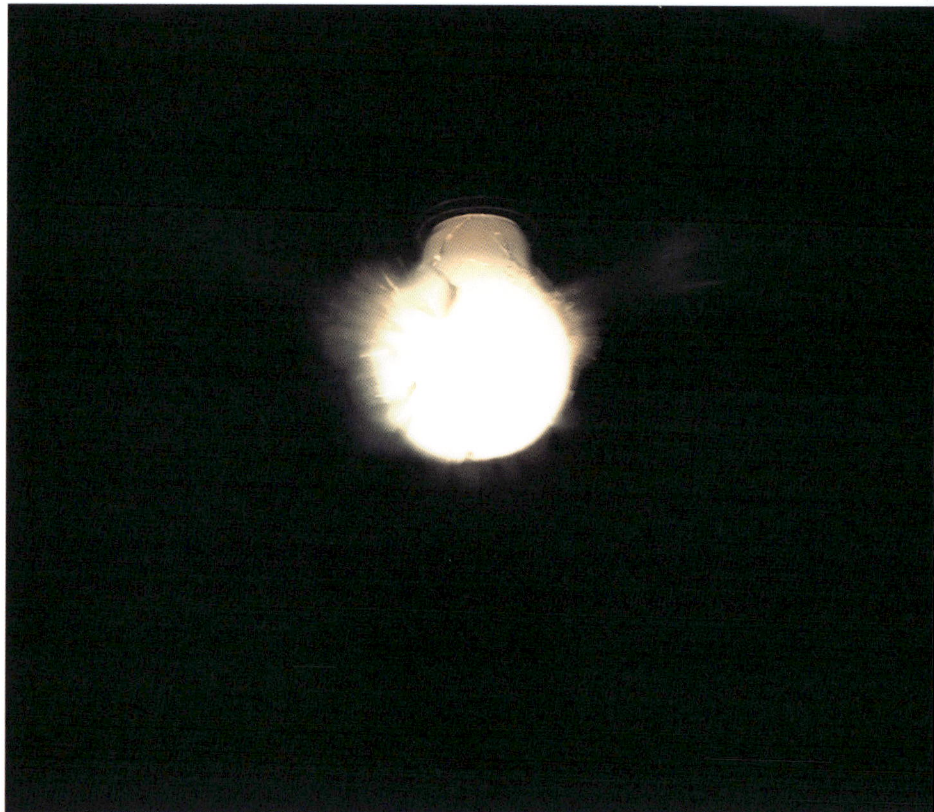

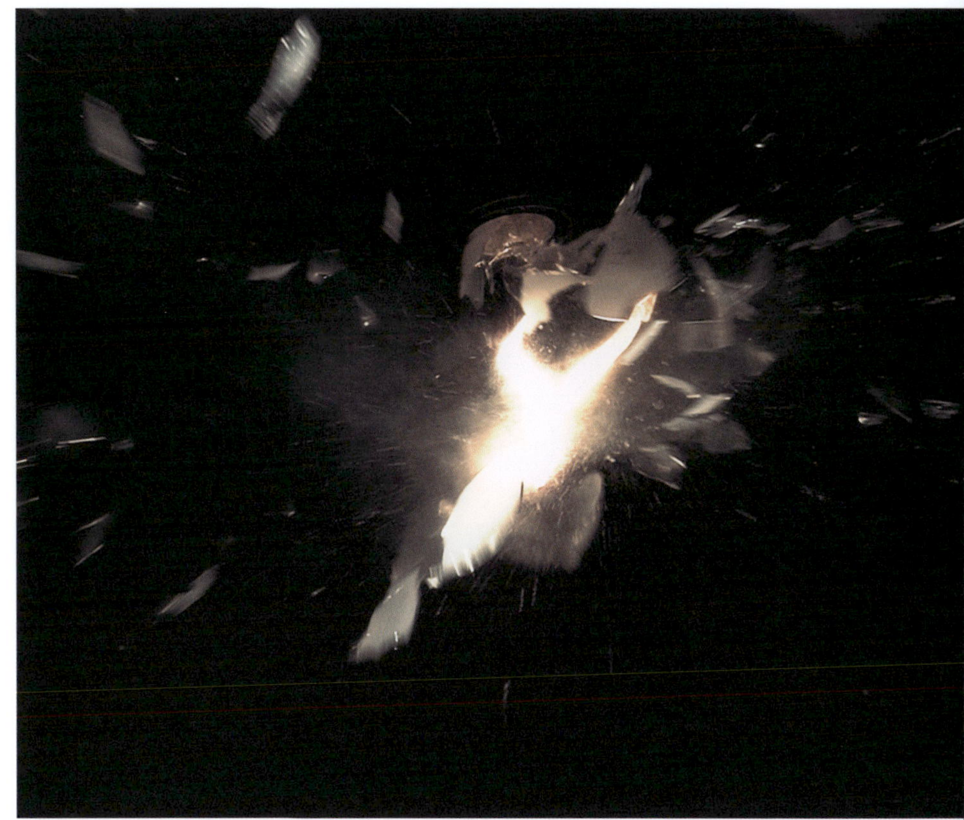

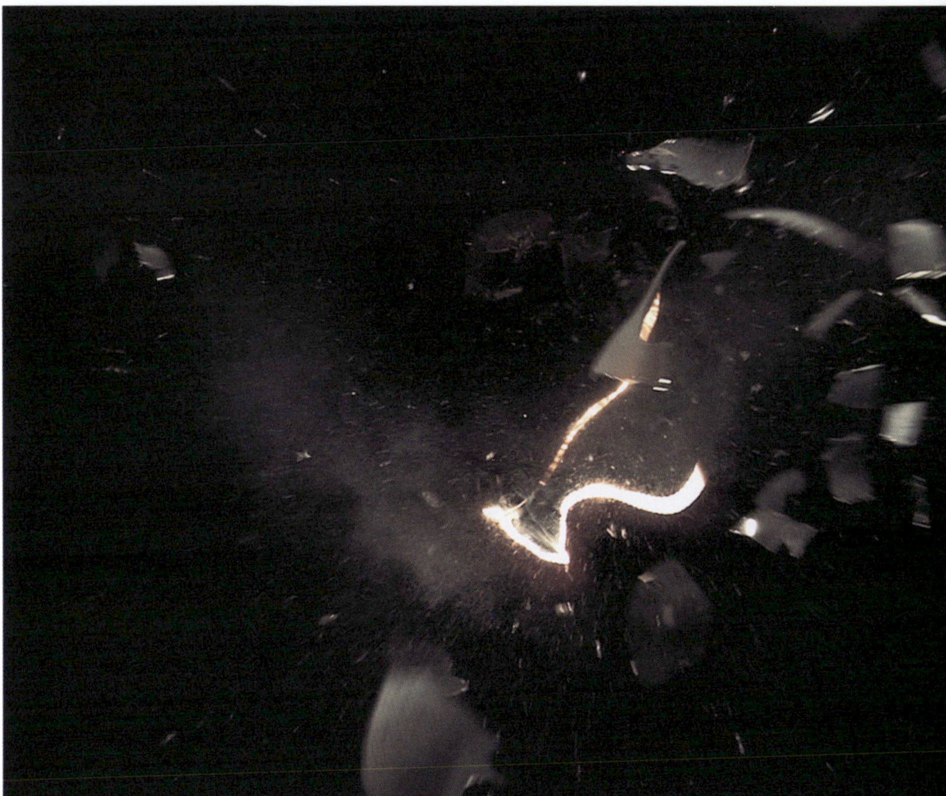

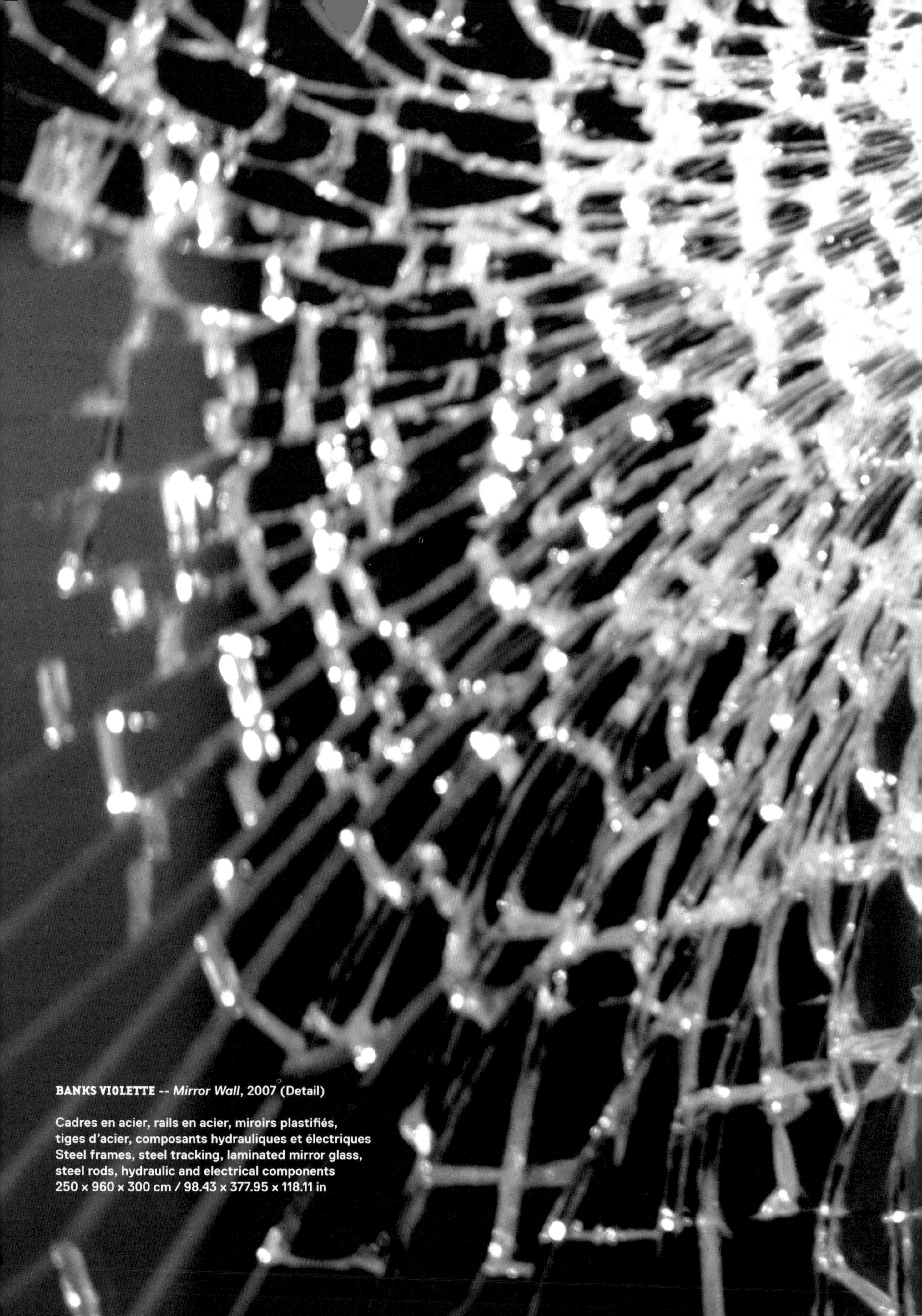

BANKS VIOLETTE -- *Mirror Wall*, 2007 (Detail)

Cadres en acier, rails en acier, miroirs plastifiés,
tiges d'acier, composants hydrauliques et électriques
Steel frames, steel tracking, laminated mirror glass,
steel rods, hydraulic and electrical components
250 x 960 x 300 cm / 98.43 x 377.95 x 118.11 in

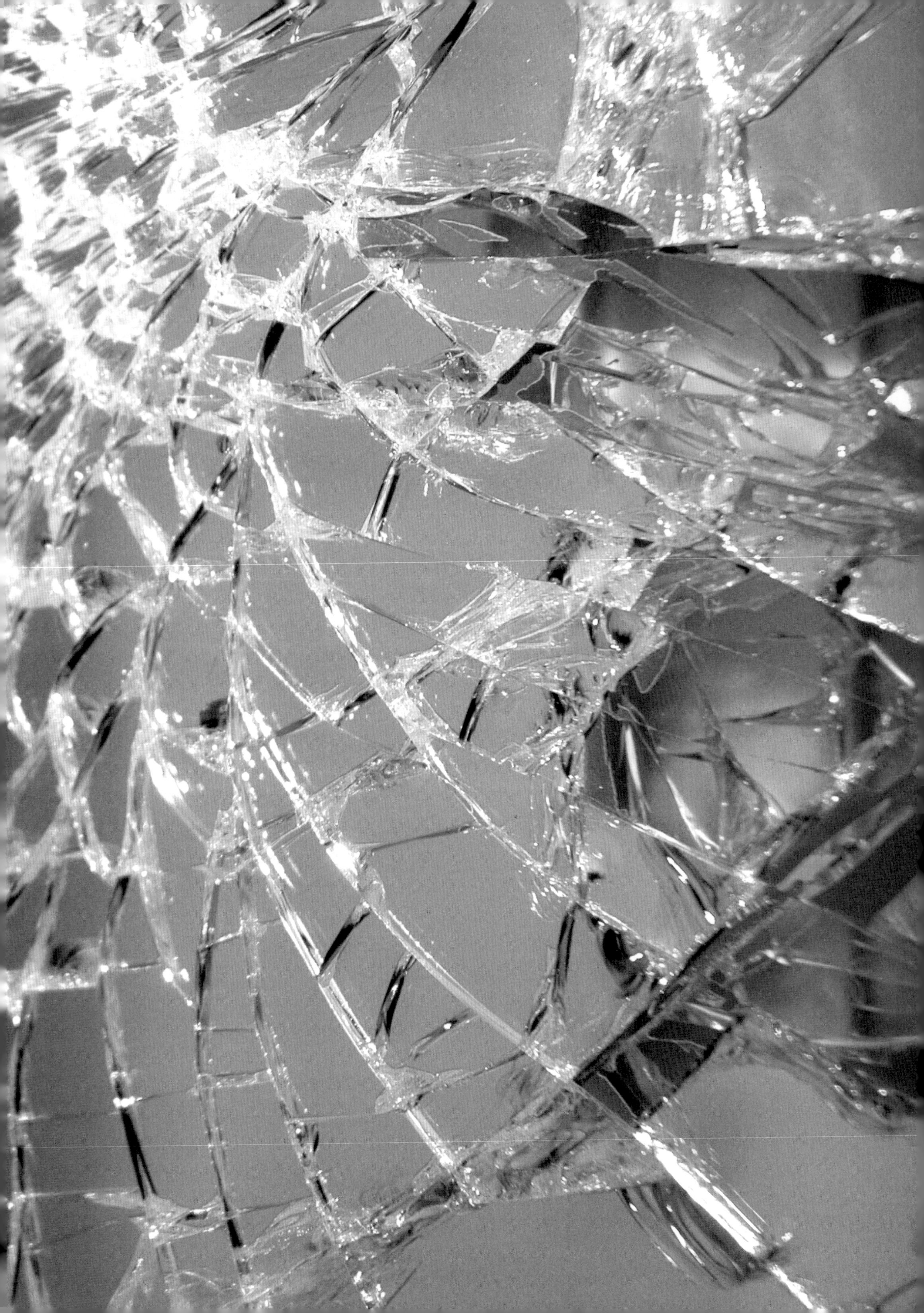

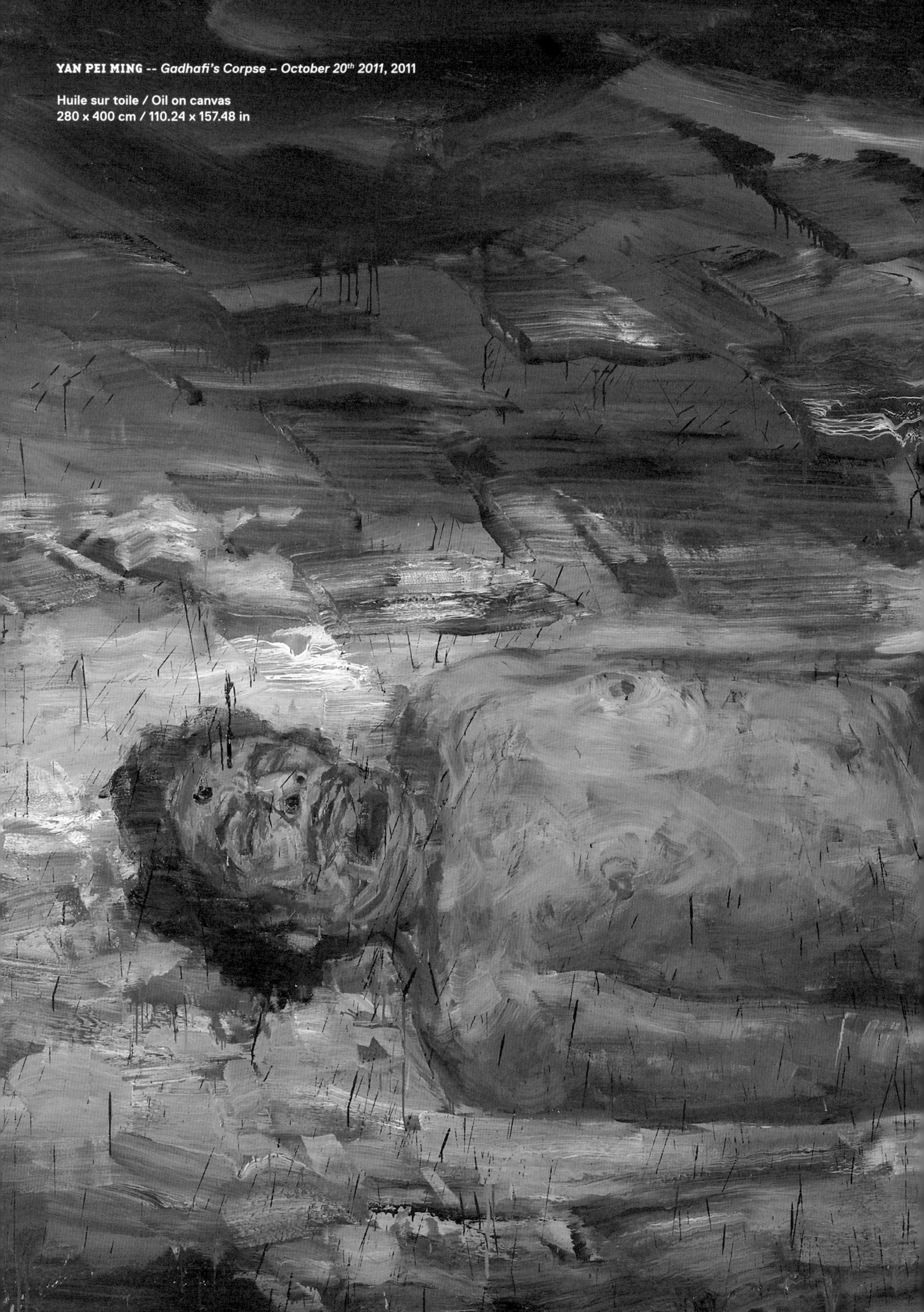

YAN PEI MING -- Gadhafi's Corpse – October 20th 2011, 2011
Huile sur toile / Oil on canvas
280 x 400 cm / 110.24 x 157.48 in

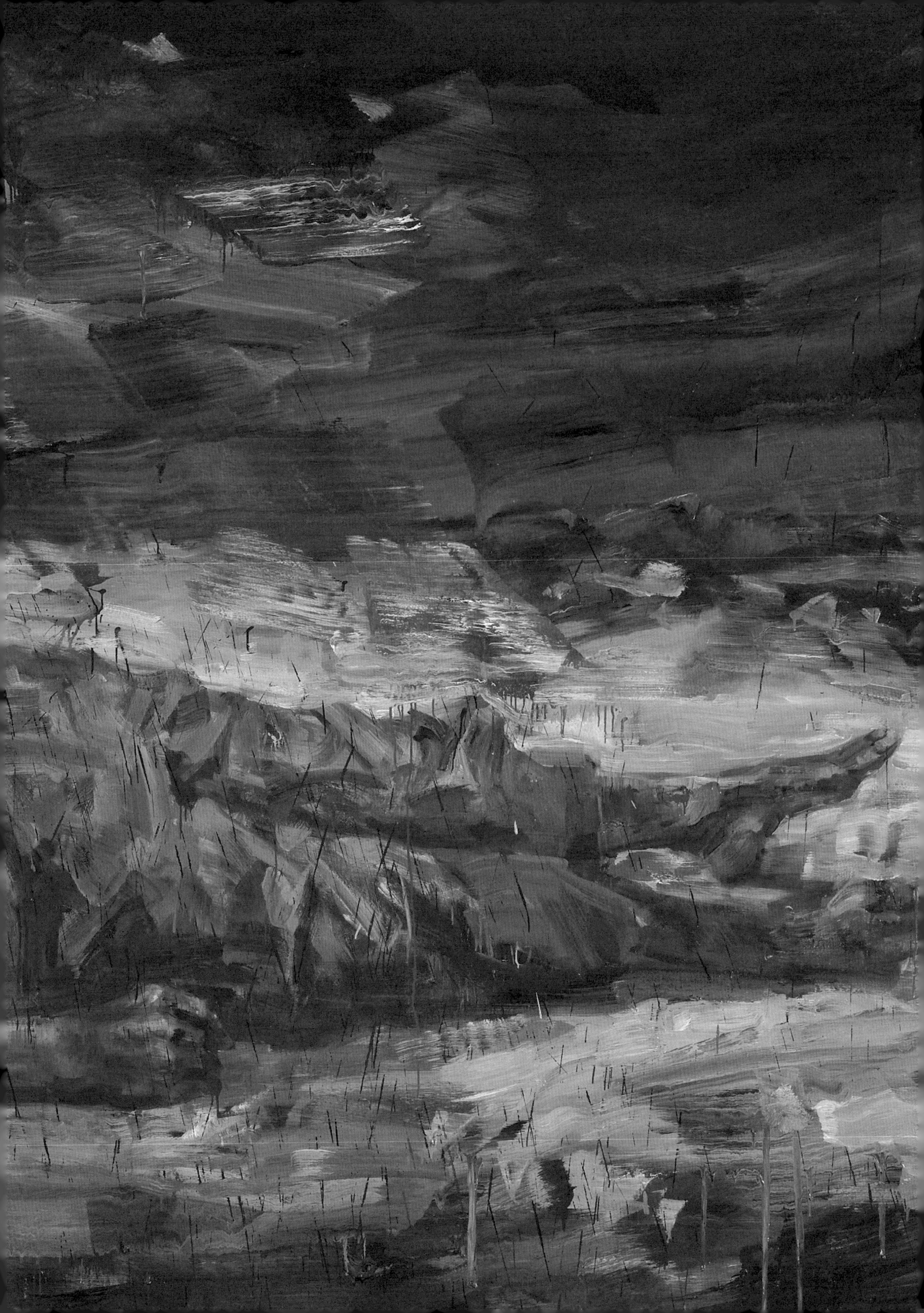

pages 24/25
MAHMOUD BAKHSHI --
Preparation for the celebration... 2010
Les sculptures de Mahmoud Bakhshi rassemblent des symboles repré-
sentatifs de l'Iran actuel, de sa culture, de ses institutions religieuses
et politiques. Empruntes d'une distanciation ironique, ses œuvres expo-
sent et déconstruisent la rhétorique officielle tentant d'occulter la réalité
politique et sociale. Mahmoud Bakhshi's sculptures assemble symbols
representative of today's Iran, of its culture, of its religious and political
institutions. Instilled with an ironic distance, his works expose and de-
construct the official rhetoric that tries to hide political and social reality.

pages 26/27
JULES DE BALINCOURT --
Untitled, 2012
Illustrant des scénarios d'utopies et de dystopies urbaines et sociales,
l'œuvre narrative et onirique de Jules de Balincourt joue d'une con-
fusion : la scène semble être à la fois un moment festif et une fuite face
à la menace de la catastrophe. De même que les gens se réfugient sur
la colline surplombant la ville, le spectateur est invité à assister aux
projections d'arcs-en-ciel qui évoquent des feux d'artifice autant que
des explosions. L'artiste joue avec l'ambiguïté du sens, qui oscille entre un
message d'espoir et une vision apocalyptique de notre société. Depicting
scenarios of urban and social utopias or dystopias, Balincourt's narrative
and dream-like work is at once a celebration and a retreat from looming
disaster. Like the people taking refuge on the hill overlooking the city,
the spectator is also invited to witness the arching rainbow-hued strings
reminiscent of fireworks or of an explosion. The artist plays with the
ambiguity of meaning, which oscillates between a message conveying
hope or an apocalyptic vision of our society.

pages 28/29
BARRY X BALL --
Envy / Purity, 2008 – 2012
Barry X Ball emprunte ses sujets à l'art baroque tout en modifiant cer-
tains attributs, la citation historique mettant en évidence les ravages du
temps et la permanence des symboles. L'utilisation de pierres impro-
pres à la sculpture produisent des figures qui paraissent rongées par la
destruction : l'*Envie* comme la *Pureté* semblent ici se partager les stig-
mates de la déchéance. Barry X Ball takes his subjects from Baroque
art while changing certain features. The historical quotation reveals the
ravages of time and the permanence of symbols. The use of stones not
usually found in sculpture creates figures which seem to be corroded –
half destroyed. *Envy* and *Purity* seem to share the stigmata of decline.

pages 30/31
ALI BANISADR --
They Build it up Just to Burn it Back Down, 2013
Une impression sonore et de mouvement émane des scenarios con-
densés issus de l'imagination d'Ali Banisadr, pour lesquels aucune des
figures n'ont de caractéristique définie, laissant le spectateur en charge
de reconstituer le contexte et la signification. Fonctionnant comme un
indice, le titre de l'œuvre évoque des systèmes de croyances, qu'ils
soient religieux, politiques, philosophiques ou personnels, construits et
glorifiés pour finalement devenir caduques et s'effondrer avec le temps.
Camouflés sous la magnificence picturale de l'œuvre d'Ali Banisadr – le
désespoir, l'isolement et la terreur sont dévoilés. A sense of sound and
movement emanates from Banisadr's condensed imagined scenarios,
in which none of the figures have defined characteristics leaving it to
the viewer to assign context and meaning. Functioning as a lead, the
title of the work alludes to belief systems, be they religious, political,
philosophical or personal, which are built and glorified only to become
irrelevant over time and come crashing down. Disguised beneath the
magnificence of Banisadr's imagery – despair, isolation and terror are
conveyed.

pages 32/33
GEORG BASELITZ --
Remixtyp, 2007
Baselitz entreprend ici l'anamnèse picturale de l'Histoire et de son passé,
incarné par la figure de Hitler. La composition divisée du tableau renvoie
au morcellement de la mémoire, collective et individuelle, à ces épisodes
douloureux que l'artiste réinterroge sans pour autant viser une résolution.
Le personnage demeure fragmenté et incertain, à la fois caricature et
fantôme. Here Baselitz goes about a pictorial anamnesis of History and of
his own past, embodied by the figure of Hitler. The division of the painting references the fragmentation of collective and individual memory, the
painful episodes that the artist interrogates anew, albeit without seeking
resolution. The figure remains fragmented and uncertain, both caricature
and ghost.

pages 34/35
PHILIPPE BRADSHAW --
Raft of Medusa, 2005
L'installation s'appuie sur une double citation: celle du *Radeau de la
Méduse* du peintre romantique Théodore Géricault et celle du tragique
naufrage de 1816. Romantisme et esthétisme se mêlent ici dans une
sophistication de la mise en scène accentuée par la technique singulière
de l'oeuvre. The installation quotes both the *Raft of the Medusa*, the
masterwork by the Romantic painter Théodore Géricault, and the actual
shipwreck of 1816. Romanticism and aestheticism combine here in a so-
phisticated staging heightened by the singular technique of the work.

pages 36/37
MARC BRANDENBURG --
Ohne Titel, 2012
En transposant des éléments réalistes manipulés dans l'esprit d'un néga-
tif photographique, Brandenburg révèle les aspects étranges et parfois
grinçants de son environnement et de l'actualité. L'ambiguïté de cette
image avec un sans-abri et du son qui l'accompagne illustre l'incapacité
ou la difficulté de se confronter à la misère sociale. By transposing realis-
tic elements which are manipulated, rather like a photographic negative,
Brandenburg reveals the strange and sometimes grating aspects of his
environment and the events of the day. The ambiguity of this image with a
homeless person and the sound that accompanies the work illustrates the
incapacity to deal with, or awkwardness of confronting social suffering.

pages 38/39
DEXTER DALWOOD --
Stoned Crazy (Kubla Khan), 2011
L'œuvre s'inspire du poème *Kubla Khan* de Samuel Coleridge, écrit en une
nuit sous l'influence de l'opium sans jamais être terminé, le poète étant
entré en transe. Cette peinture évoque les *capricci* en faisant cohabiter
les gondoles vénitiennes avec la forêt amazonienne, tout en symbolisant
l'arrêt abrupt de la créativité, la brutalité de l'apocalypse. This work is
inspired by *Kubla Khan*, the poem written by Samuel Taylor Coleridge
under the influence of opium and never finished, since the poet had
gone into a trance. This painting is like a *capriccio* in its juxtaposition
of Venetian gondolas and the Amazonian rainforest. It symbolises the
abrupt cessation of creativity, the brutality of the apocalypse.

pages 40/41
ELGER ESSER --
Villerville, 2012
Parmi les drames les plus redoutés par l'homme, le naufrage et la dévas-
tation qui en résulte renvoient à son impuissance face aux forces de
la nature. Dans *Villerville*, Elger Esser associe ce motif au média de la
carte postale, qui sert au début du XXe siècle d'interface entre mémoire
collective et expérience individuelle. La diffusion du message privé côtoie
celle de la catastrophe. L'artiste colorie à la main une carte ancienne
puis l'agrandit, confiant au fait divers le statut de peinture d'histoire. Le
traitement sobre, sans pathos de l'image, transforme toutefois le tragique de la situation en une esthétique du désastre. Among the disasters
most feared by man, shipwreck and the resulting devastation confront
him with his powerlessness before natural forces. In *Villerville* Elger
Esser combines this theme with the medium of the postcard, which, in
the early 20th century provided an interface between collective memory
and individual experience. The dissemination of the private message sits
alongside the heralding of catastrophe. The artist hand-colours an old
postcard then expands it, bestowing history-painting status on a trivial
news item. The plain treatment, free of pathos, nevertheless transforms
the tragedy of the situation into an aesthetic of disaster.

pages 42/43
HARUN FAROCKI --
Aufschub, 2007
La vidéo *Aufschub* (En surcis) emprunte les images d'un film muet en
noir et blanc tourné en 1944 par le détenu Rudolf Breslauer à la demande
du commandant d'un camp de travail nazi. Harun Farocki, en assemblant
uniquement les extraits coupés et censurés de ce film, fait apparaître
une autre réalité : l'antichambre de la mort derrière la propagande.
Aufschub évoque des images stockées dans nos mémoires, qui hantent
l'imaginaire collectif. The video *Aufschub* (Respite) takes images from a
silent black-and-white film shot in 1944 by the prisoner Rudolf Breslauer
at the request of a Nazi labour camp commander. By putting together
only the cut, censored parts of the film, Farocki reveals another reality:
the antechamber of death behind the propaganda. *Aufschub* evokes
images stored in our memories, which haunt the collective imagination.

pages 44/45
GHAZEL --
Marée Rouge I, 2013
L'artiste iranienne s'attache à l'appropriation de l'existant pour lui con-
férer une dimension métaphorique. Sur une carte du monde achetée en
Iran, elle emplit les continents de flots « rouge sang » qui se déversent au
delà du littoral. Avec cette cartographie subjective, l'artiste dénonce les
guerres et les massacres liés aux conflits géopolitiques, qui sont pour la
plupart associées aux pétrole. Le sang, autant un symbole de la vie que
de la mort, illustre cette circulation de « ressources ». This Iranian artist
appropriates found elements and gives them a metaphorical twist. Here,
she fills in the continents of a world map bought in Iran with "blood-red"
waves which crash over and beyond the shores. Her subjective cartogra-
phy condemns geopolitical conflicts which are motivated, in most cases,
by oil. Blood, a symbol of both life and death, illustrates this circulation
of "resources."

pages 46/47
GILBERT & GEORGE --
Pensioner, 2011
La série des *London Picture* reprend les gros titres des tabloïd anglais,
jouant sur la spectacularisation de l'actualité, entre le fait divers et le
drame national. La description journalistique exempte de morale est pré-
cisément ce qui amène Michael Bracewell à parler « d'un drame urbain
rejoué sans jugement sous la forme d'un grand récit visuel ». The series
of *London Pictures* reuses headlines from English tabloids, playing on
the spectacularisation of events, a mix of sensationalism and national
tragedy. This journalistic description devoid of morality is what prompt-
ed Michael Bracewell to speak of "an urban tragedy replayed without
judgement in the form of a grand visual narrative."

pages 48/49
AMOS GITAI --
In Time for War, III, 1969 – 2013
Les photographies de l'artiste israélien Amos Gitai dévoilent des images qui oscillent entre souvenirs intimes et mémoire collective. Prises sur le vif avec l'émotion du moment et constituant une forme d'autobiographie improvisée, elles deviennent, avec le recul, le témoignage d'une réalité partagée. Les aspérités des tirages, la transparence des couleurs et la fragilité des nuances évoquent le passage du temps tandis que les images demeurent intemporelles. The photographs by Israeli artist Amos Gitai feature images which oscillate between personal and collective memory. Taken in the heat of the moment, and with all its emotion, constituting an improvised autobiographical form, with hindsight they become testimony to a shared reality. The roughness of the prints, the transparency of the colours and the fragility of the tones evoke the passing of time whereas the images themselves remain timeless.

pages 50/51
WANG GUANGYI --
Great Criticism – Partagas, 2005
La fusion des esthétiques et des valeurs communiste et capitaliste permet à Wang Guangyi de dénoncer la connivence des systèmes idéologiques continuant de manipuler les masses malgré la fin de la Guerre Froide. La construction-déconstruction des images de propagande et des logos commerciaux témoigne autant de leur complémentarité visuelle que du danger que représente leur propre vacuité. The fusion of communist and capitalist aesthetics and values enables Wang Guangyi to denounce the connivance between ideological systems that continue to manipulate the masses even after the end of the Cold War. The construction/destruction of propaganda images and commercial logos shows both their visual complementarity and the danger represented by their own vacuity.

pages 52/53
ZHANG HUAN --
Ash banquet n°2, 2011
Partisan d'un dialogue fort entre la modernité et la tradition, Zhang Huan est fasciné par l'Italie des grands maîtres en général et *la Cène* de Léonard de Vinci en particulier. Il emploie des cendres chargées dans le bouddhisme de spiritualité, au service d'une composition dont il retient l'essentiel : le ballet de gestes significatifs et les expressions des acteurs d'une scène dont la figure essentielle, le Christ, semble exprimer la prescience de la trahison à venir et par là même, de l'appartenance du drame à l'accomplissement du mystère. Advocating a strong dialogue between modernity and tradition, Zhang Huan is fascinated by the Italy of the great master painters in general and by Leonardo da Vinci in particular. He uses ashes, which in Buddhist thought are charged with spirituality, in compositions which focus on the essential: the ballet of significant actions and the expressions of the actors in a scene whose essential figure, Christ, seems to express foreknowledge of the treason to come and, by the same token, of the tragedy's place in the accomplishment of the mystery.

pages 54/55
ANSELM KIEFER --
Heroische Sinnbilder, 1970–74/2009
Loin d'être un simple acte de provocation, Kiefer transmet dans cette œuvre une expérience personnelle de confrontation au passé. Il réalise des « occupations » performatives reproduisant le salut hitlérien, habillé d'un uniforme nazi. L'artiste se place dans le contexte de réalisation du drame pour s'y exposer à toute la charge émotionnelle. La mise en scène du tabou historique provoque le devoir de mémoire. This is no mere act of provocation. In this work, Kiefer conveys the personal experience of getting to grips with the past. What he does here is enact a performative "occupation" by reproducing the Nazi salute, wearing a Nazi uniform. The artist places himself in the context of the tragedy, in order to bear the full emotional brunt of the experience. The staging of a historical taboo provokes the duty to remember.

pages 56/57
ROBERT LONGO --
All you Zombies: Truth Before God, 1986 – 2012
Robert Longo crée une Chimère contemporaine combinant des influences historiques et la culture pop. Il fusionne l'angoisse politique, la peur et la colère dans un assemblage d'éléments organiques et minéraux sur fond de science fiction et de films d'horreur. Livrant une réflexion sociale et personnelle, l'artiste compose une créature monstrueuse, portrait de lui même et d'une époque gorgée de violence et d'excès. Longo creates a contemporary Chimera assembling historical and pop culture influences; addressing political anxiety, fear, anger and rage in an amalgamation of organic and inorganic elements that remind us of horror and science fiction films. With this monstrous creature the artist intends to reflect both the social and the personal, functioning as a self-portrait as well as that of an era fraught with violence and excess.

pages 58/59
LIZA LOU --
The damned, 2004
L'imposante sculpture de Liza Lou est autant une citation de la célèbre *Expulsion du Paradis* de Masaccio (XVe s.) qu'une transposition des deux premiers pécheurs de l'humanité dans la forme contemporaine de deux géants héroïques à la recherche d'une transcendance spirituelle perdue. Cette perte de la perfection et la promesse de la mort constituent l'un des drames psychologiques les plus emblématiques de la psyché humaine que le corps en tant que vanité contemporaine tente de combler. This imposing sculpture by Liza Lou is as much a quotation from the famous *Expulsion from the Garden of Eden* by Masaccio (15th c.) as a transposition of the first two sinners in human history into the contemporary form of two heroic giants searching for a lost spiritual transcendence. This loss of perfection and the prospect of death constitute one of the most emblematic dramas of the human psyche, for which today we try to compensate with that very contemporary vanity, the body.

pages 60/61
NATE LOWMAN --
Fire and Water (Lockerbie '90 and Brazil '11), 2011
S'appropriant des images extraites des médias, Nate Lowman joue sur le
statut de l'image de presse en la transposant dans le domaine de la peinture (du multiple à l'unique). Malgré le titre qui réintroduit une référence
à la réalité, le traitement pictural bascule dans l'abstraction en accentuant
les antagonismes des éléments (eau/feu) et le déséquilibre de la composition. Nate Lowman appropriates media images and transposes press
material into the sphere of painting (from the multiple to the unique). In
spite of the title, which reintroduces a reference to reality, the pictorial
treatment here is abstract, playing up the opposition between the elements (water/fire) and the imbalance of the composition.

pages 62/63
FARHAD MOSHIRI --
Crowd Control Vanity Case, 2010
Dans un travail minutieux, confinant au kitsch, l'artiste iranien fait broder
le décor baroque d'une boîte (à bijoux), dont il remplace la scène de
galanterie par une photo de presse d'une scène d'affrontement violent
dans la rue. Il s'attaque ainsi à la répression récurrente de civils pendant
les heurts entre des opposants au gouvernement et les forces étatiques.
L'image grinçante de ce *crowd control*, « maintien de l'ordre » brutal,
et le décor édulcoré du *vanity* case forment ici un oxymoron visuel pro-
voquant. For this meticulous, almost kitsch work, this Iranian artist had
an embroidery made from the baroque decoration of a jewellery box,
replacing the courtship scene with a violent street clash, critiquing the
constant oppression of civilians during face-offs between the opposition
and government/state forces. The grating image of this brutal technique
of "crowd control" forms a provocative visual oxymoron when set off
against the saccharine decoration of the vanity case.

pages 64/65
JACK PIERSON --
Icarus, 2000
Avec *Icarus*, Jack Pierson recourt à une métaphore visuelle et textu-
elle pour évoquer la chute du fils de Dédale. Les lettres disposées au
sol et brisées évoquent avec force le poids du corps démantelé par la
violence de la chute. Cette œuvre constitue une allégorie poétique et
mélancolique d'un conflit psychologique propre au genre humain : une
imagination intarissable prisonnière d'un corps impuissant. Jack Pierson
uses a visual and textual metaphor to evoke the fall of the son of Dae-
dalus, *Icarus*. The shattered letters laid on the floor evoke the weight of
the body dislocated by the violence of its fall. This work constitutes a
poetical and melancholy allegory of a psychological conflict particular to
the human race: a limitless imagination imprisoned in a powerless body.

pages 66/67
GED QUINN --
Things are Exactly as They Seem, 2007
L'artiste anglais Ged Quinn reproduit dans son œuvre un tableau
mythologique de Claude Lorrain. Il remplace la scène du sacrifice du
père de Psyché par une ville en ruine dominée par une ambulance dont
la porte s'ouvre sur l'enfer de Dante. Visuellement et dans son contenu
Ged Quinn recourt à un répertoire classique qu'il actualise et s'approprie.
L'artiste devient témoin et complice d'une réactualisation apocalyptique.
In this work English artist Ged Quinn reproduces a mythological painting
by Claude Lorrain. He replaces the scene of the sacrifice made by
Psyche's father with a ruined city dominated by an ambulance whose
door opens onto Dante's *Inferno*. Visually, and in its contents, Quinn's
painting uses a classical repertoire which he updates and appropriates.
The artist becomes witness and accomplice of an apocalyptic revisiting.

pages 68/69
MARC QUINN --
Mirage, 2009
La sculpture de l'artiste britannique est une référence directe aux images largement diffusées par les médias en 2004 de prisonniers irakiens
soumis à la torture dans la prison d'Abu Grahib. Si la position christique
évoque une forme de mystère transcendant et mystique, c'est cepen-
dant aux *Désastre de la guerre* de Goya que l'artiste fait indirectement
référence. The sculpture by this British artist is a direct reference to the
images of Iraqi prisoners being tortured in the prison of Abu Ghraib, pictures which have been shown ad nauseam in the media since they were
taken in 2004. While the Christ-like position evokes a kind of transcend-
ent, mystic form, the artist is also indirectly referring here to Goya's
Disasters of War.

pages 70/71
DANIEL RICHTER --
D.O.A.XL 2011, 2012
D.O.A. pour l'anglais "dead on arrival" (sign. décédé avant l'admission)
est un terme employé autant pour signifier la mort clinique d'un patient
avant l'arrivée du personnel médical que le nom du group de punk *hardcore* canadien. Ces derniers sont connus pour leurs idéaux d'extrême
gauche et leur activité politique se concentrent sur les questions antira-
ciste, anti-globalisation et d'environnement. Ces références nourrissent
le travail de Daniel Richter dans lequel il explore les médias de masse, la
politique et la culture pop pour révéler les dessous du système et les utopies sociales en faillite. *D.O.A.* as in "dead on arrival" is a term either used
to indicate a clinically dead patient before the arrival of professional med-
ical assistance or the name of a Canadian hardcore punk band; known for
their uncompromising leftist ideals and political activities on issues such
as anti-racism, anti-globalization and the environment. These references
nourish Richter's work in which he explores mass media, politics and pop
culture to reveal the undercurrents of failed social utopias.

pages 72/73
TOM SACHS --
The Crawler, 2003
En référence au désastre de la navette Challenger en 1986, la maquette d'échelle réduite de Tom Sachs suggère que les avancées technologiques d'aujourd'hui annoncent les désastres de demain. En décodant et simplifiant par l'esthétique du bricolage l'univers technologique ou consumériste Tom Sachs redonne à l'objet une dimension à l'échelle humaine. Referencing the 1986 Challenger disaster, Sach's scaled down model suggests that the technological advances of today heralds the disasters of tomorrow. Using his trademark *bricolage* aesthetic, Sachs deciphers the technological and consumerist world while putting the object back on a human scale.

pages 74/75
MICHAEL SAILSTORFER --
Bulb, 2012
Dans ce film, Sailstorfer cristallise le paradoxe création-destruction. L'artiste enregistre au ralenti un tir au fusil de chasse sur une ampoule. Son explosion filmée d'une seule ampoule devient la représentation en miniature du big bang. Tandis que l'objet semble disparaître dans un grand vide noir, son éclatement renvoie à la création de l'univers. In this film Sailstorfer crystallises the paradox of creative destruction (or vice versa) by filming a hunting gun being fired at a light bulb in slow motion. The explosion of the bulb becomes a miniature representation of the Big Bang. Whilst the object seems to disappear into the darkness, its shattering evokes the creation of the universe.

pages 76/77
BANKS VIOLETTE --
Mirror Wall, 2007 Detail
Sous la pression des pompes hydrauliques, la tension interne de l'installation constituée de miroirs augmente jusqu'au seuil intolérable où elle se fissure et se brise. La destruction et l'autodestruction visuelle et matérielle de l'œuvre mène à un *tabula rasa* métaphorique. Vacillant entre action et inaction, l'oeuvre incarne la fragilité et l'éphémère. Under pressure from hydraulic pumps, the internal tension of this installation made with mirrors increases until a critical point is reached and the glass cracks and shatters. The visual and material destruction and self-destruction of the work results in a metaphorical *tabula rasa*. Hovering between action and inaction, the work embodies fragility and transience

pages 78/79
YAN PEI MING --
Ghadafi's Corpse – October 20th 2011, 2011
Les abus du pouvoir et les catastrophes politiques constituent une source d'inspiration inépuisable pour les artistes. Tandis que le spectateur s'attendrait à voir le cadavre du dictateur libyen traité par le médium photographique, Yan Pei Ming recourt à la peinture en l'inscrivant dans une réalité aussi immédiate qu'intemporelle. Au delà d'une délivrance, cette peinture dont le temps paraît en suspend décrit une violence qui se prolonge au delà de la mort. The abuses of power and political catastrophe are an endless source of inspiration for artists. Where we would expect to see the Libyan dictator's body treated by photography, Yan Pei Ming uses paint to inscribe it in a reality that is as immediate as it is timeless. More than deliverance, this painting in which time seems suspended describes a violence that continues beyond death.

DISASTER
THE END OF DAYS

3 Mars / March – 1 Juin / June 2013
Galerie Thaddaeus Ropac Paris Pantin

Editeur / Publisher: Galerie Thaddaeus Ropac, Paris/Salzburg

Coordination / Editor: Alessandra Bellavita, Séverine Waelchli

Texte / Text: Michael Bracewell
Traduction / Translation: Jeanne Bouniort
Textes courts / Descriptive captions: Alessandra Bellavita, Matthieu Lelièvre,
Katja Schoppe, Séverine Waelchli
Traduction / Translation: Charles Penwarden (du français vers l'anglais),
Matthieu Lelièvre (de l'anglais vers le français)
Graphisme / Design: Linie 3, Salzburg

Photographies / Photos:
p. 24 Nima Shayeghi
p. 26 Jeff Elstone
p. 30 Jeffrey Sturges
p. 32 Jochen Littkemann
p. 34 Charles Duprat
p. 36 Marc Brandenburg
p. 44 Philippe Servent
p. 46 Gilbert & George
p. 48 Amos Gitai
p. 50 Charles Duprat
p.52 Zhu Yun
p. 54 Charles Duprat
p. 58 Charles Duprat
p. 62 Farhad Moshiri
p. 64 Philippe Servent
p. 68 Marc Quinn
p. 70 Philippe Servent
p. 72 Tom Sachs
p. 76 Gerhard Andraschko
p. 78 Yan Pei-Ming

Impression / Print / Repro: la linea, Salzburg
Edition / Copies: 1 500

Nos remerciements vont à / Special thanks to:

Mahmoud Bakhshi
Jules de Balincourt
Barry X Ball
Ali Banisadr
Georg Baselitz
Philippe Bradshaw
Marc Brandenburg
Dexter Dalwood
Elger Esser
Harun Farocki
Ghazel
Gilbert & George
Amos Gitai
Wang Guangyi
Zhang Huan
Anselm Kiefer
Robert Longo
Liza Lou
Nate Lowman
Farhad Moshiri
Jack Pierson
Ged Quinn
Marc Quinn
Daniel Richter
Tom Sachs
Michael Sailstorfer
Banks Violette
Yan Pei-Ming
Et leurs studio respectifs / and their studios

Michael Bracewell

Carbon 12, Dubai
Stephen Friedman Gallery
Gagosian Gallery
Haunch of Venison
Maccarone

Gonzalo Castillo

Matthieu Lelièvre
Victoria Lehnert
Katja Schoppe

Galerie Thaddaeus Ropac Paris Pantin
69, Avenue du Général Leclerc, 93500 Pantin, France
Tel. +33 1 55 89 01 10

Galerie Thaddaeus Ropac Paris
7, rue Debelleyme, 75003 Paris, France
Tel. +33 1 42 72 99 00, Fax +33 1 42 72 61 66

Galerie Thaddaeus Ropac Salzburg
Mirabellplatz 2, 5020 Salzburg, Austria
Tel. +43 662 881 39 30, Fax +43 662 881 39 39

www.ropac.net

ISBN 13-978-2-910055-54-X